葬儀 銀行 保険
年金 相続 税金

がすべてわかる

身内が亡くなったときの手続きの進め方

司法書士
森武史

税理士
柴崎貴子

特定社会保険労務士
房野和由

彩図社

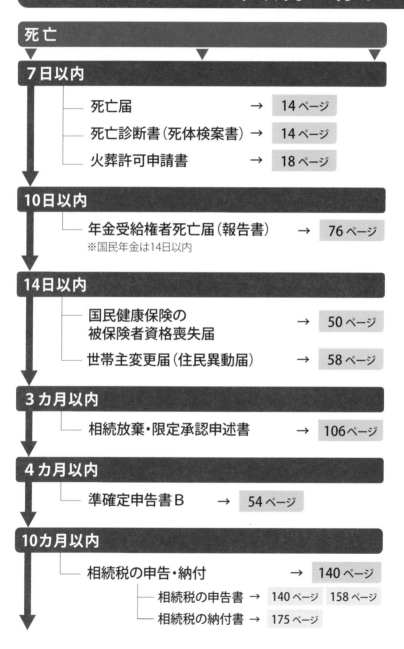

死亡直後から3年以内に行う

死亡

7日以内
- 死亡届 → 14ページ
- 死亡診断書（死体検案書） → 14ページ
- 火葬許可申請書 → 18ページ

10日以内
- 年金受給権者死亡届（報告書） → 76ページ
  ※国民年金は14日以内

14日以内
- 国民健康保険の被保険者資格喪失届 → 50ページ
- 世帯主変更届（住民異動届） → 58ページ

3カ月以内
- 相続放棄・限定承認申述書 → 106ページ

4カ月以内
- 準確定申告書B → 54ページ

10カ月以内
- 相続税の申告・納付 → 140ページ
  - 相続税の申告書 → 140ページ 158ページ
  - 相続税の納付書 → 175ページ

届け出・手続き・提出書類

3年以内

└─ 相続登記　　　　→　122 ページ
　　└─ 登記申請書　→　122 ページ　　130 ページ

申請・届け出の期限なし

── 復氏届　　　　　　　　　→　62 ページ
── 姻族関係終了届　　　　　→　66 ページ
── 子の氏の変更許可申立書　→　62 ページ

2年で時効消滅

── 死亡一時金　国民年金　　　→　86 ページ
── 葬祭費　国民健康保険　　　→　42 ページ
── 埋葬料（費）　健康保険　　→　42 ページ
── 高額療養費　健康保険／国民健康保険　→　38 ページ

5年で時効消滅

── 年金受給権
── 未支給年金・未支払給付金請求書　→　76 ページ
── 年金請求書
　　── 遺族基礎年金　→　80 ページ　　90 ページ
　　── 遺族厚生年金　→　80 ページ　　90 ページ
　　└─ 寡婦年金　　　→　86 ページ

届け出・手続きのチェックリスト

死亡直後から速やかに

☐ 死亡届・死亡診断書（死体検案書）　→　14 ページ

☐ 火葬許可申請書の提出　→　18 ページ

☐ 埋葬料（費）・葬祭費の支給申請　→　42 ページ

☐ 公共料金・各種サービス等の契約解除　→　68 ページ

年金関係

☐ 年金の受給停止　→　76 ページ

☐ 未支給年金の請求　→　76 ページ

☐ 遺族年金の請求　→　80 ページ

☐ 死亡一時金の請求　→　86 ページ

☐ 寡婦年金の請求　→　86 ページ

健康保険関係

☐ 健康保険の資格喪失　→　50 ページ

☐ 高額療養費の支給申請　→　38 ページ

税金関係

☐ 準確定申告　→　54 ページ

☐ 相続税の申告・納付　→　140 ページ　158 ページ

相続関係

その他必要に応じて

葬儀・銀行・保険・年金・相続・税金が
すべてわかる

身内が亡くなったときの手続きの進め方

もくじ

第1章　死亡直後に行う手続き

第2章　なるべく早く行う手続き

第3章　年金の手続き

第4章　相続の手続き

第5章　相続税の手続き

戸籍法の改正について（戸籍謄本等の広域交付）
2024（令和6）年3月1日より、本籍地でなくても最寄りの市区町村の窓口で戸籍証明書を請求できるようになりました。

ご注意：費用が無料となっている届け出・手続きについても、戸籍謄本等の手数料などがかかる場合があります。

イラスト：川本まる

はじめに

　身近な人が亡くなると、次から次へと必要となる届け出や手続きが発生します。残された家族は悲しんでいる間もなく、その対応に追われます。

　しかし、多くの人は葬儀を執り行った経験がなく、何から手を付けたらいいのかわからないというのが実情ではないかと思われます。

　親族等が死亡した場合、真っ先にしなければならないのは市区町村役場への「死亡届」の提出ですが、現在は葬儀社に代行してもらうことがほとんどでしょう。身内を亡くしたのが初めてという人は、専門業者に頼んだ方が何かと安心だといえます。

　とはいえ、すべてを丸投げできるわけではなく、自分で決定しなければならないこと、提出期限が決められているものなど、相続に関する最低限の知識は必要です。

　知らなかったでは済まされないことも少なくありません。例えば、2024（令和6）年4月1日から相続登記が義務化されます。不動産を相続した人は、相続により所有権を取得したことを知った日から3年以内に相続登記の申請をしなければならなくなります。期限内に登記が完了していないと、10万円の過料を科せられる可能性があります。

　本書は葬儀、相続、年金、税金など、身近な人が亡くなった後の届け出・手続きについて、図表を交えてわかりやすく解説しています。知りたいことがすぐに引ける手引書として活用してください。

　本書が少しでも、読者の皆さまのお役に立てれば幸いです。

2024（令和6）年1月

司法書士　森　武史

税理士　柴崎貴子

特定社会保険労務士　房野和由

本書の内容は、2024年1月現在の法令に基づいています。

1章

死亡直後に
行う手続き

死亡直後の手続き
臨終から初七日まで

一般的な仏式の例で、臨終から初七日までの葬儀の流れと手続きについて確認しておきましょう。

初七日までに行わなければならないこと

　身近な人が亡くなった場合に行わなければならない死亡直後の手続きや届け出は、ほとんどすべての人に共通しています。

　初七日までに、必要な手続きは以下のようなものです。

> ・死亡診断書（死体検案書）の受け取り
> ・死亡届の提出、火葬許可証の受け取り
> ・親族や知人等、関係者への訃報
> ・葬儀社への連絡、葬儀の打ち合わせ
> ・通夜、葬儀・告別式、初七日法要

　このように臨終から葬儀までの間に、多くの手続き等が発生します。

　喪主となる人が1人で行うのは負担が大きく大変です。遺族や親族、友人等の協力をお願いするようにしましょう。

■初七日法要までの流れ

> 臨終

病院で亡くなったとき

［死亡診断書の発行］
病院

遺体の搬送先を決める
↓
葬儀社を探す
↓
死亡診断書を受け取る

自宅で亡くなったとき

［死亡診断書の発行］
かかりつけ医、警察

死亡確認と死亡診断書の受け取り
［かかりつけ医がいる場合］
医師を呼んで、死亡の確認と
死亡診断書を発行してもらう。
［かかりつけ医がいない場合］
警察に連絡する。

※事件性がないと判断されたら、警察から死体検案書が発行される。
※生死が不明な場合は救急車を呼ぶ。

訃報の連絡をする
↓
遺体の搬送・安置
↓
葬儀方針と日程を決める
↓
通夜、葬儀・告別式
↓
出棺
↓

> 初七日法要

02 | 死亡診断書の受け取り・死亡届の提出

[書類]
死亡届・死亡診断書（死体検案書）

[費用] 無料（死亡届）
3,000～10,000円（死亡診断書）

[入手先／提出先]

市区町村役場
（右記参照）

死亡の事実を
知った日から
7日以内

死亡診断書は医師から受け取る

　身近な人が亡くなった場合の手続きを進めていく上で、最初に受け取る書面は、**死亡診断書（死体検案書）**です。

　前述のように、死亡診断書（死体検案書）は医師もしくは警察から発行されるものですので、遺族が作成する書面ではありません。病院での死亡は臨終に立ち会った医師に、自宅での死亡はかかりつけ医に書いてもらいます。

死亡診断書と死亡届は一体になっている

　人が死亡した場合は、死亡の事実を知った日から7日以内に、死亡診断書または死体検案書を添付して、死亡の届け出をしなければならないと、戸籍法86条に規定されています。

　死亡の届け出とは「**死亡届**」を指しているわけですが、死亡診断書（死体検案書）と死亡届は一体になっていて、市区町村役場への届け出はこの書面を提出することになります。

　死亡診断書（死体検案書）は、年金受給停止（76ページ参照）の手続きをはじめ、他の手続きにおいて必要になる書面です。提出する前に10枚くらいコピーを取っておくようにしましょう。

■死亡届

提出先

市区町村役場

以下の①〜③いずれかの市区町村役場に提出する。

①
死亡者の
死亡地

②
死亡者の
本籍地

③
届出人の
所在地

届出人

親族や同居人

亡くなった人が一人暮らしで親族がいない場合
↓
家主・管理人が届出義務者となる

葬儀社に提出の代行を頼むことも可能

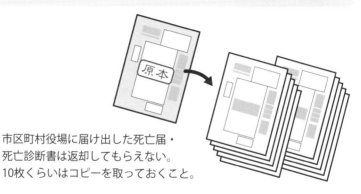

市区町村役場に届け出した死亡届・
死亡診断書は返却してもらえない。
10枚くらいはコピーを取っておくこと。

■死亡届

死 亡 届

令和 **6**年 **1**月 **9**日 届出

東京都千代田区長 殿

受理 令和
第

送付 令和
第

書類調査	戸籍記載	記載調査	調査票	附 票	住民票	通 知

(1)	(よ み か た)	みんじ 氏	いちろう 名	☑男　□女	記入の注意
(2)	氏　　　名	民事	一郎		鉛筆や消えやすいインキで書かないでください。

(3) 生 年 月 日　昭和**23**年 **12**月 **14**日　[生まれてから30日以内に死亡したときは生まれた時刻も書いてください。] □午前　時　分
□午後

死亡したことを知った日からかぞえて7日以内に出してください。

(4) 死亡したとき　令和 **6**年 **1**月 **9**日 ☑午前　**4**時**10**分
□午後

死亡者の本籍地でない役場に出すときは、2通出してください（札幌市内に提出する場合は、1通で結構です。）。2通の場合でも、死亡診断書は、原本1通と写し1通でさしつかえありません。

(5) 死亡したところ　東京都港区虎ノ門一丁目1　番地
番　**1**号

	住　　所	東京都千代田区霞が関一丁目1番1号
(6)	[住民登録をしているところ]	世帯主 の氏名　民事 一郎

「筆頭者の氏名」には、戸籍のはじめに記載されている人の氏名を書いてください。

	本　　籍	東京都千代田区丸の内一丁目1　番地 番
(7)	[外国人のときは国籍だけを書いてください]	筆頭者 の氏名　民事 一郎

(8) 死亡した人の
(9) 夫 ま た は 妻　☑いる（満**70**歳）　いない（□ 未婚　□ 死別　□ 離別）

内縁のものはふくまれません。

(10) 死亡したときの
世帯のおもな
仕　　事　と

□1.農業だけまたは農業とその他の仕事を持っている世帯
□2.自由業・商工業・サービス業等を個人で経営している世帯
☑3.企業・個人商店等（官公庁は除く）の常用勤労者世帯で勤め先の従業者数が1人から99人までの世帯（日々または1年未満の契約の雇用者は5）
□4.3にあてはまらない常用勤労者世帯及び会社団体の役員の世帯（日々または1年未満の契約の雇用者は5）
□5.1から4にあてはまらないその他の仕事をしている者のいる世帯
□6.仕事をしている者のいない世帯

□には、あてはまるものに☑のようにしるしをつけてください。

(11) 死亡した人の
職 業 ・ 産 業　（国勢調査の年・・・年・・・の4月1日から翌年3月31日までに届出をするときだけ書いてください）

職業　　　　産業

死亡者について書いてください。

そ

の

他

届け出られた事項は、人口動態調査（統計法に基づく基幹統計調査、厚生労働省所管）、がん登録等の推進に関する法律に基づく全国がん登録（厚生労働省所管）にも用いられます。

届 出 人	☑1.同居の親族　□2.同居していない親族　□3.同居者　□4.家主　□5.地主 □6.家屋管理人　□7.土地管理人　□8.公設所の長　□9.後見人 □10.保佐人　□11.補助人　□12.任意後見人　□13.任意後見受任者
	住　所　東京都千代田区霞が関一丁目1番1号
	本　籍　東京都千代田区丸の内一丁目1　番地 番　　筆頭者 の氏名　民事 太郎
	署　名　民事 太郎　印　昭和**51**年 **12**月 **28**日生 （※押印は任意）

事 件 簿 番 号

16

■死亡診断書（死体検案書）

03 火葬許可申請書の提出

[書類] 火葬許可申請書 （通常、死亡届と同時提出する）	[入手先／提出先] 市区町村役場	死亡の事実を知った日から7日以内（火葬前）
[費用] 無料		

死亡届と一緒に火葬許可申請書を提出する

　火葬許可申請書は、故人の遺体を火葬する際に必要な書類である火葬許可証（埋火葬許可証）の交付を受けるための申請書です。市区町村役場の窓口で死亡届と同時に提出するのが通例となっています。

　申請書は市区町村役場の窓口でもらえますが、ホームページから用紙をダウンロードできる自治体もあります。また、自治体によって申請書の様式が異なりますが、記入例を参考にすれば、記入に手間取ることもないでしょう。

　申請者は、埋葬または火葬を行う者とされていますが、**死亡届と一緒に提出**の代行を葬儀社に頼んでも構いません。

　記入した内容に不備がなければ、**火葬許可証**が交付されます。

申請にもとづいて、
火葬許可証が交付される。

■火葬許可申請書（江東区の例）

担当	確認

第　　　　号

死 体 火 葬 許 可 交 付 申 請 書

令 和 6 年 ○月 ○日

東 京 都 江 東 区 長 殿

申請人　　住所　**東京都江東区○×町2丁目**

　　　　　氏名　**江東一郎**

字訂正
字加入
字削除

死亡者との続柄　**子**

死亡者の本籍	**東京都江東区○×町1丁目1**
死亡者の住所	**東京都江東区○×町1丁目1**
死亡者の氏名 性 別 生年月日	氏名 **江東太郎**　　性別 （**男**）・女　　明治 大正 昭和 平成 令和 **15**年**8**月**15**日生
死　　因	1.一類感染症等　　　　　②.その他
死亡年月日時	令和 **6**年 ○月 ○日　午前 午後 **10**時**10**分
死亡の場所	**東京都江東区○×町1丁目1**
火葬の場所	**○○葬儀社**

(注)死因欄中第1条第4号第規定する感染症の際「一類感染症等」○印を付すこと。そうでないときは「その他」に○印を付すこと。

葬儀の手配

初めての葬儀は、プロである葬儀社に任せるのが安心。明瞭価格の業者を探しましょう。

いい葬儀は信頼できる葬儀社選びから

　一般的に、**通夜**は亡くなった日の翌日、**葬儀・告別式**は亡くなった日の翌々日に営まれます。残された家族は、悲しみの中で死亡直後からさまざまな準備や手配に追われることになります。

　しかし通夜や葬儀・告別式の手配などを経験したことがなく、よくわからないという人も少なくないでしょう。そのような場合は、葬儀社に依頼した方が無難です。

　ただし、葬儀社選びは間違いなく行いたいものです。後になってから高額な請求をされたなどのトラブルも発生しています。見積もりをとることをためらわないで、予算の範囲内でできる葬儀プランを選ぶようにしましょう。

　最近は、「葬儀社一括見積サービス」のようなwebサイトもあるので、簡単な入力をするだけで複数の業者から見積もりをとることが可能です。

複数社から葬儀費用の見積もりをとって比べてみる。

■葬儀社に依頼できること

- ・遺体の搬送と安置
- ・葬儀の提案と相談
- ・火葬場の手配
- ・遺影の準備

- ・通夜、葬儀・告別式の準備
- ・葬儀の運営
- ・諸手続きの代行
- ・葬儀後のサポート　など

■家族葬が50%

　株式会社鎌倉新書が行った「第6回お葬式に関する全国調査」（2024年）によると、行った葬儀の種類は、家族葬（50.0%）、一般葬（30.1%）、一日葬（10.2%）、直葬・火葬式（9.6%）の順であった。

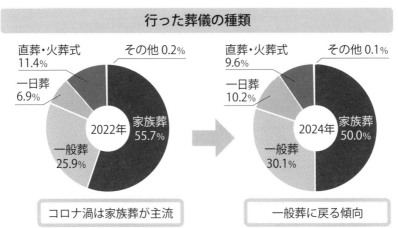

行った葬儀の種類

2022年
- 直葬・火葬式 11.4%
- 一日葬 6.9%
- 一般葬 25.9%
- 家族葬 55.7%
- その他 0.2%

コロナ渦は家族葬が主流

2024年
- 直葬・火葬式 9.6%
- 一日葬 10.2%
- 一般葬 30.1%
- 家族葬 50.0%
- その他 0.1%

一般葬に戻る傾向

（出典：「第6回 お葬式に関する全国調査」株式会社鎌倉新書「いい葬儀」https://www.e-sogi.com/guide/30048/ を加工して作成）

　葬儀にかかる総額（基本料金・飲食・返礼品の合計）の平均は110万7,000円で、前回調査（2020年）に比べて73万6,000円の減少となった。

直葬とは？

通夜、葬儀・告別式を行わず、火葬だけを執り行い葬ること。
読経などの宗教儀式は行われず、弔問客も受けない。

05 通夜、葬儀・告別式の流れ

葬儀の進行について、喪主や遺族の立場から、全体的な流れを把握しておきましょう。

葬儀と告別式は続けて行われる

　葬儀の流れや方法は宗教によって異なりますが、日本では多くの葬儀が仏式で執り行われます。また、仏式にも宗派による違いがあります。ここでは一般的な仏式による葬儀の流れを確認しておきましょう。

　基本的な日程として、死亡した日の翌日に通夜、翌々日に葬儀・告別式が行われます。

　以下、伝統的な通夜と葬儀の流れです。もっとも、最近は通夜や葬儀・告別式を行わない**直葬**（21ページ参照）が増えるなど葬儀の簡素化が進んでいます。

葬儀までの流れの基本

1日目	2日目	3日目
死亡	通夜	葬儀・告別式
	死亡の翌日	死亡の翌々日

　3日目が葬儀・告別式になります。葬儀は死者を弔うための儀式であり、**告別式**は出棺の前に遺体に別れを告げる儀式を指します。

　本来、葬儀と告別式は別な儀式なのですが、現在は一括りに行われることが多く、葬儀に続けて告別式が行われるという流れで進められます。

■通夜

葬儀・告別式の前日に、遺族や知人が集まって故人と一夜を過ごすこと。

仮通夜と本通夜

仮通夜	本通夜
故人と親族だけで過ごす通夜	友人・知人などの参列を伴う通夜

夕方18時ごろに開始され、2〜3時間程度で終了する。

■葬儀

人の死を弔うために行われる宗教儀式。

一般的には、僧侶が読経を行っている時間が葬儀にあたる。

■告別式

故人の友人や知人が参列する社会的な別れの儀式。

参列者の数は減少傾向

参列人数（平均）

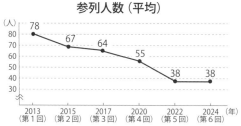

2013（第1回）	2015（第2回）	2017（第3回）	2020（第4回）	2022（第5回）	2024（第6回）
78	67	64	55	38	38

（出典：「第6回 お葬式に関する全国調査」株式会社鎌倉新書「いい葬儀」
https://www.e-sogi.com/guide/30048/ を加工して作成）

葬儀にかかる総額（基本料金・飲食費・返礼品の合計額）の平均は118.5万円で、前回調査（2022年）より約8万円の増加となった。

一般の参列者が焼香、献花を行う。現在は、読経中に焼香をすることが多くなっている。

■通夜の流れ

　以下、伝統的な通夜と葬儀の流れである。もっとも、最近は通夜や葬儀・告別式を行わない直葬（21ページ参照）が増えるなど葬儀の簡略が進んでいる。

1. 受付開始
↓
2. 遺族・親族入場着席
↓
3. 参列者入場着席
↓
4. 僧侶入場
↓
5. 開式
↓
6. 読経・焼香開始
↓
7. 僧侶退場
↓
8. 閉式
↓
9. 喪主あいさつ
↓
10. 通夜閉式
↓
11. 通夜振る舞い

受付は葬儀社のスタッフに任せる

■葬儀の流れ

1. 受付開始

↓

2. 遺族・親族入場着席

↓

3. 参列者入場着席

↓

4. 僧侶入場

↓

5. 開式

↓

6. 読経・焼香開始

↓

7. 僧侶退場

↓

8. 喪主あいさつ

↓

9. 閉式

↓

10. 出棺

葬儀の席次

祭壇
僧侶

世話役代表者 ●	● 喪主
世話役 ●	● 遺族
友人・知人 ●	● 近親者
会社関係者 ●	● 親族

弔問客

納骨から法要まで

葬儀を終えると、出棺、火葬、納骨、初七日、四十九日…と続きます。僧侶や寺院に相談した上で進めましょう。

出棺から火葬、納骨までの流れ

葬儀・告別式を終えると、出棺、火葬という順で進みます。出棺から火葬の流れは、以下のようになります。

火葬する際には、**火葬許可証**（18ページ参照）が必要です。火葬が終わると、骨上げを行います。

骨上げ後に、火葬場からは**埋葬許可証**を交付されますが、この書類は火葬許可証に火葬済みの印が押されたものです（通常、骨壺と一緒に桐の箱に入れておいてくれます）。埋葬許可証は、納骨する際に必要となりますので、紛失しないように気を付けましょう。

納骨の時期については、特に決まりがあるわけではありません。火葬後すぐに納骨することもあるようですが、四十九日の法要にあわせて納骨するのが一般的です。新しくお墓を建立する場合は、一周忌を目安に納骨します。

■納骨式

遺骨をお墓などに納めるための儀式。遺族が集まる四十九日法要にあわせて行われることが多い。僧侶に読経してもらい、参列者は焼香をする。以下のような流れで進められる。

■納骨式の流れ

1. 施主のあいさつ

↓

2. 納骨

↓

3. 読経

↓

4. 焼香

↓

5. 施主のあいさつ

↓

6. 会食

■年忌法要のスケジュール

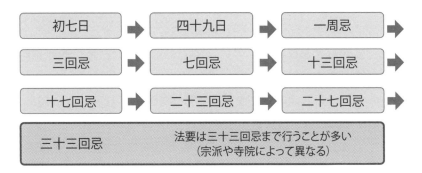

初七日	➡	四十九日	➡	一周忌	➡
三回忌	➡	七回忌	➡	十三回忌	➡
十七回忌	➡	二十三回忌	➡	二十七回忌	➡
三十三回忌	法要は三十三回忌まで行うことが多い（宗派や寺院によって異なる）

法要はいつまで行う？

　節目の年ごとに行う年忌法要の一つである三十三回忌は、故人が亡くなってから満32年目に行われる法要である。三十三回忌を終えると、年忌法要を終了することが多く、これを弔い上げという。

　最近は年忌法要も簡略される傾向にあり、遺族と限られた親族だけで行うケースも増えている。

07 お墓を移したいときの改葬の手続き

[書類]
改葬許可申請書

[入手先／提出先]

市区町村役場

必要に応じて

[費用] 300円程度（自治体により異なる）

お墓のある市区町村役場の改葬許可が必要

改葬とは、墓地や納骨堂などに納められている遺骨を、別の場所へ移し替えることをいいます。要するに、お墓の引っ越しですが、所定の手続きを踏んでトラブルにならないように進めましょう。

改葬するには、現在使用している墓地等の所在地の市区町村役場から改葬許可を受けなければなりません。

まず、現在遺骨が埋葬されている場所の市区町村役場で**改葬許可申請書**を入手します。申請書には、墓地等の管理者に記入してもらう欄もあるので記入をお願いします。必要事項をすべて記入したら提出し、特に不備がなければ、**改葬許可証**が交付されます。

続いて、改葬先の墓地等の管理者に改葬許可証を提出し、新しい墓地等へ納骨するという流れになります。

改葬する際は、いままでお世話になった管理者に対して感謝の気持ちを伝える。

■改葬許可申請書（千葉市の例）

第　　　　号

改 葬 許 可 申 請 書

令和 6 年 ○ 月 ○ 日

（あて先）千葉市長
　次のとおり申請します。

死亡者	本　　　　籍	千葉市中央区千葉港1番		
	住　　　　所	千葉市中央区千葉港1番1号		
	氏 名 ・ 性 別	千葉太郎		ⓜ男　女
	死 亡 年 月 日	明治・大正・昭和 ㊤平成 令和	17 年　5 月　31 日	
	埋 葬 ま た は 火 葬 の 場 所	千葉市斎場		
	埋 葬 ま た は 火 葬 の 年 月 日	明治・大正・昭和 ㊤平成 令和	17 年　6 月　1 日	
	改 葬 の 理 由	新墓地設定　㊤墓地移転　その他（　　　　　）		
	改 葬 の 場 所	千葉市平和公園		
申請者	住　　　　所	千葉市中央区千葉港2番		
	氏　　　　名	千葉花子　　　　　　　　　　　　　　　　（※） （※）本人が手書きしない場合は、記名押印してください。		
	死亡者との続柄	妻	墓地使用者等との関係	本人

上記死亡者の埋蔵（葬）・収蔵の事実を証明します。

令和　　　年　　　月　　　日

墓地（納骨堂）管理者　住所

氏名　　　　　　　　　　　　　　㊞

※申請者が、墓地（納骨堂）使用者以外の場合のみ記入してください。

上記の申請者が改葬許可申請を行うことを承諾します。

令和　　　年　　　月　　　日

墓地（納骨堂）使用者　住所

氏名　　　　　　　　　　　　　（※）

（※）本人が手書きしない場合は、記名押印してください。

【コラム】
今どきの葬儀事情

コロナ禍で急増した一日葬

　新型コロナウイルスの感染拡大は、葬儀のあり方にも大きな影響を及ぼしました。コロナ禍で一日葬が急増したそうです。一日葬とは、お通夜を行わず、告別式から火葬を1日で執り行う葬儀のことをいいます。

　一日葬が増えたのは、「三密を避ける」「拘束時間を短くできる」「会食を行わない」など、感染防止の観点からコロナ禍での葬儀に適していたためと考えられます。

進む葬儀の簡素化

　21ページで触れたように、最近の葬儀は家族葬が55.7％であるのに対し、一般葬は25.9％に過ぎません。葬儀は近親者のみで行う形式が主流になってきています。

　家族葬は、家族のみで行う葬儀という意味ではなく、親族や親しい友人など誰に参列してもらうかは家族で決めます。葬儀の進め方は、1日目にお通夜、2日目に告別式、火葬を執り行います。この点は一般葬と変わりありません。要するに、家族葬は規模の小さなお葬式といったところでしょうか。

　一日葬は、特に参列者が限定されていないため一般の人も告別式に参加してもらうことができますが、通夜がない分、一般葬よりも規模は小さくなります。

　今後、日本人の葬儀に対する考え方の変化と相まって、多くの人が参列する大規模な葬儀は減少していくものと思われます。コロナ禍を契機に、葬儀の簡素化はさらに進んでいくことでしょう。

2章

なるべく早く

行う手続き

01 預金口座が凍結されたらどうする？

「遺産分割前の相続預金の払戻し制度」を使う場合
書類：被相続人の除籍謄本、戸籍謄本または全部事項証明書、相続人全員の戸籍謄本または全部事項証明書、預金の払戻しを希望する人の印鑑登録証明書

[費用] 無料

[提出先]
BANK
取引先の
金融機関

速やかに

相続手続きの申し出と同時に口座が凍結される

　預金口座の名義人が死亡すると、「口座が**凍結**される」とよくいわれますが、これはどういうことなのでしょうか？

　通常、銀行等の金融機関では口座名義人が死亡した場合は、次のような流れで手続きが進められます。

1.相続手続きの申し出

口座名義人が死亡したことを取引店に連絡すると、相続方法に応じて、具体的な手続き方法が案内される。この時点で口座が凍結される。

2.必要書類の準備

遺産分割協議書、被相続人の戸籍謄本、相続人全員の戸籍謄本など、相続方法に応じた必要書類を準備する。

3.相続手続き書類の提出

遺産分割協議書等の準備した書類と銀行所定の相続手続書類を取引店に提出する。

4.相続預金の払戻し等

相続した預金の払戻し等ができる。

■遺産分割前の相続預金の払戻し制度

なぜ凍結される？
↓
遺族の誰かが故人の預貯金を
勝手に引き出すのを防ぐため

　口座が凍結されると、預金の引出しも預入れもできなくなるが、2019（令和元）年7月から遺産分割前の**相続預金の払戻し制度**が施行され、葬儀費用等の支払いに充てるため、一定額までの払戻しができるようになった。

銀行等の金融機関は、預金名義人の死亡を知ると、口座を凍結する。

単独で払戻しができる額

$$相続開始時の預金額 \times \frac{1}{3} \times 払戻しを行う相続人の法定相続分$$

　遺産分割前の相続預金の払戻し制度を利用するにあたっては、以下のような書類が必要。詳細は取引先の金融機関に問い合わせること。

［必要書類］
①被相続人の除籍謄本、戸籍謄本
　または全部事項証明書
②すべての相続人の戸籍謄本
　または全部事項証明書
③払戻しを希望する相続人の
　印鑑登録証明書

02 生命保険金（死亡保険金）を受け取る

[書類]
保険金支払請求書、死亡診断書
（死体検案書）など（本文参照）

[費用] 無料

[入手先／提出先]

契約先の
生命保険会社

速やかに

死亡保険金は受取人の財産になる

　亡くなった方が生命保険に加入していた場合は、保険金の受取人になっている人は、速やかに生命保険会社に死亡の事実を伝えます。

　生命保険会社から案内と請求書が送付されてくるので、必要書類をそろえて提出（請求）し、死亡保険金を受け取ります。

　なお、**死亡保険金**は受取人の固有財産とみなされるため、遺産分割の対象になりません。しかし、非課税枠を超えた部分については、相続税が課されます。

●提出書類の例

- ・保険金支払請求書
- ・死亡診断書（死体検案書）
- ・被保険者の死亡記載のある「戸籍謄本（全部事項証明書)」「住民票」、または法務局発行の「法定相続情報一覧図」のいずれか１つ
- ・受取人の本人確認書類（運転免許証・各種健康保険証などのコピー）
- ・保険証券　など

■保険金支払請求書（太陽生命の例）

LB 076

【太陽生命提出用】　　支払請求書

別紙「個人情報のお取り扱いについて」の内容に同意のうえ、貴社の保険約款にしたがって以下のとおり請求します。
支払金のある場合には、貴社からの下記口座への振込完了をもって受領したものと認めます。
提出した診断書等に不明な点等があれば、貴社が必要に応じて病院等に対し事実の確認を実施することに同意します。

◀ご請求の証券番号▶ 1・・・ ☐☐☐☐☐☐☐☐☐　　3・・・ ☐☐☐☐☐☐☐☐☐
　　　　　　　　　 2・・・ ☐☐☐☐☐☐☐☐☐　　4・・・ ☐☐☐☐☐☐☐☐☐

黒のボールペンにてご記入ください。

請求者様	請求日（記入日）	20ＸＸ 年　ＸＸ 月　ＸＸ 日	実印	※実印を押印のうえ、印鑑証明書をご提出ください。
	フリガナ ご署名欄	タイヨウ　　ハナコ　　太陽　花子　　様		
	支払明細書送付先	〒330-××××　埼玉 都道府県 さいたま市浦和区　○○町1丁目2-3		
	日中のご連絡先	090　1224　×××× 自宅　その他　（携帯）		

A・Bのいずれかにご記入ください。

A　ゆうちょ銀行以外の金融機関

口座名義人（カタカナ）	タイヨウ　ハナコ		
金融機関名	○○○	（銀行）信用金庫　農協　信用組合　労働金庫	預金種目（あてはまるものにチェック）☑普通（総合）　☐当座　☐貯蓄
支店名	△△△	本店（支店）出張所	店番号　　口座番号

B　ゆうちょ銀行

口座名義人（カタカナ）		
通帳記号 1☐☐☐☐0	通帳番号（右づめ）	※末尾が「1」となっている8桁以下の通帳番号をご記入ください。

振込先口座

以下　会社使用欄

提出日　／　お預り日　／

被保険者名

通帳受領日

提出書類

☐支払請求書「死亡用」　☐登記事項証明（原・写）　☐死亡診断書・検案書
☐死亡証明（原・コ・写）　☐災害事故報告書　☐交通事故証明書
☐戸籍謄（抄）本（原・写）　☐印鑑証明書（原・写）　☐住民票（原・写）
☐委任状・代表相続人指定届　☐その他

Ⓣ　保

AA000990

03 死亡退職金を受け取る

死亡退職金とは、死亡した者に支給されるはずだった退職金を
遺族が受け取るものをいいます。

勤務先に退職金制度があるか確認する

会社員等の人が在職中に死亡した場合には、勤務先へ行き、未払い
の給与や死亡退職金などを請求する手続きを行います。

未払い給与は、死亡後に支給日が到来する給与です。**死亡退職金**は、
会社員等の死亡により発生する退職金のことであり、退職金制度があ
る会社等に勤めていた人が亡くなったとき、配偶者や子どもなどの遺
族に対して支給されます。

まずは、勤務先の**就業規則（退職金規程）**の内容を確認してみましょう。

未払い給与と死亡退職金は相続税の課税対象

国税庁が「死亡した者に係る給与等で、その死亡後に支給期の到来
するものについては、本来の相続財産として、相続税の課税対象となる」
と説明しているように、支給日が死亡日の翌日以後に到来する給与は
その全額が相続税の課税対象になります。

ちなみに、**準確定申告**（54ページ参照）の対象になるのは、支払期
日が到来している給与のみです。

死亡退職金についても、相続税の課税対象になります。ただし、非
課税限度額以下のときは課税されません。

また、死亡退職金の制度がない企業でも弔慰金や花輪代、葬祭料と
いう名目で遺族に支給するものがありますが、これらは通常相続税の
対象にはなりません。

■未払い給与の取り扱い

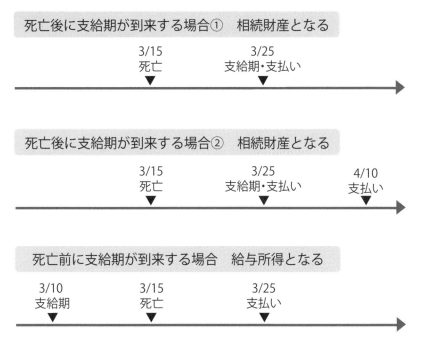

（国税庁 web サイトを参考に作成）

■相続財産とみなされる退職手当金等

　退職手当金、功労金その他これらに準ずる給与（退職手当金等）を受け取る場合で、被相続人の死亡後**3年以内**に支給が確定したものは、相続財産とみなされて相続税の課税対象となる。

> ### 非課税となる退職手当金等
>
> ## 500万円 × 法定相続人の数[※] ＝ 非課税限度額

※法定相続人の数は、相続の放棄をした人がいても、その放棄がなかったものとした場合の相続人の数をいう。また、法定相続人の中に養子がいる場合の法定相続人の数に含める養子の数は、実子がいるときは1人、実子がいないときは2人までとなる。

死亡後に高額療養費の
支給申請をする

[書類]
高額療養費支給申請書
医療機関の領収書など

[費用] 無料

[入手先／提出先]
会社員の場合

協会けんぽ
または健康保険組合

速やかに
（時効2年）

死亡した人が高額な医療費を支払っていたら

　高額療養費は、同一月にかかった医療費の自己負担額が高額になっ
た場合、一定の金額（自己負担限度額）を超えた分について、後で払
い戻される制度です。

　療養していた人が亡くなった後に、遺族が高額療養費の支給を申請
することができます。

窓口での負担額

自己負担限度額	高額療養費 （払戻される）	健康保険からの給付

医療費総額

　高額療養費の制度はやや複雑で、自己負担額を世帯で合算できる世
帯合算や、直近の12カ月間に3回以上高額療養費の支給を受けている
場合に4回以降の自己負担額が引き下げられる多数該当などの仕組み
があります。不明な点、確認したいことがあったら、協会けんぽや健
康保険組合に問い合わせてみましょう。

■自己負担額を超えた分の払い戻し（高額療養費）を受ける
70歳未満の人の自己負担限度額

所得区分	自己負担限度額の計算法と 多数該当の場合の金額	
標準報酬月額[※1] 83万円以上の人	252,600円＋（総医療費[※3]－842,000円）×1％	
報酬月額[※2] 81万円以上の人		多数該当　140,100円
標準報酬月額 53万〜79万円の人	167,400円＋（総医療費[※1]－558,000円）×1％	
報酬月額 51万5000円以上〜 81万円未満の人		多数該当　93,000円
標準報酬月額 28万〜50万円の人	80,100円＋（総医療費[※1]－267,000円）×1％	
報酬月額 27万円以上〜 51万5000円未満の人		多数該当　44,400円
標準報酬月額 26万円以下の人	57,600円	
報酬月額 27万円未満の人		多数該当　44,400円
被保険者が市区町村 民税の非課税者等	35,400円	多数該当　24,600円

※1 健康保険料・厚生年金保険料の額を計算する基準となるもの。
※2 給与・賃金の月額。
※3 保険適用される診察費用の総額。

70歳以上75歳未満の人の自己負担限度額

被保険者の所得区分		自己負担限度額	
		外来（個人ごと）	外来・入院（世帯）
①現役並み所得者	現役並みⅢ （標準報酬月額 83万円以上で高齢受給者証の負担割合が 3 割の人）	252,600 円＋（総医療費－842,000 円）×1% 多数該当　140,100 円	
	現役並みⅡ （標準報酬月額 53万〜79 万円で高齢受給者証の負担割合が 3 割の人）	167,400 円＋（総医療費－558,000 円）×1% 多数該当　93,000 円	
	現役並みⅠ （標準報酬月額 28万〜50 万円で高齢受給者証の負担割合が 3 割の人）	80,100 円＋（総医療費－267,000 円）×1% 多数該当　44,400 円	
②一般所得者 （① および③以外の方）		18,000 円 （年間上限 14.4万円）	57,600 円 多数該当　44,400 円
③ 低所得者	Ⅱ [※1]	8,000 円	24,600 円
	Ⅰ [※2]		15,000 円

※1　被保険者が市区町村民税の非課税者等である場合。
※2　被保険者とその扶養家族全ての方の収入から必要経費・控除額を除いた後の所得がない場合。現役並み所得者に該当する場合は、市区町村民税が非課税等であっても現役並み所得者となる。

●協会けんぽの場合

　健康保険証に記載されている管轄の協会けんぽ支部に高額療養費支給申請書を提出する。

第2章　なるべく早く行う手続き

> 添付書類等については、「健康保険 被保険者 被扶養者 世帯合算 高額療養費 支給申請書 記入の手引き」で詳しく説明している。

05 埋葬料・葬祭費を受け取る

[書類]
埋葬料（費）支給申請書
葬祭費支給申請書など

[費用] 無料

［入手先／提出先］
埋葬料（費）
協会けんぽ
もしくは
健康保険組合

葬祭費
市区町村役場

速やかに
（時効2年）

埋葬を行う人に埋葬料（費）が支給される

　埋葬料は、故人の埋葬を行った人に対して、故人が加入していた健康保険から行われる保険給付です。協会けんぽの場合、亡くなった被保険者により生計を維持されて、埋葬を行う人に埋葬料として**5万円**が支給されます。埋葬料を受け取れる人がいないときは、実際に埋葬を行った人に**埋葬費**として支給されます。

　なお、埋葬費の支給額は、埋葬料（5万円）の範囲内で実際に埋葬に要した費用になります。

国保加入者が亡くなったときは葬祭費の支給

　国民健康保険および後期高齢者医療の被保険者が亡くなった場合は、葬祭を執り行った人（喪主）に対して、**葬祭費**が支給されます。葬祭費の金額は、自治体によって異なりますが、5万円〜7万円くらいのところが多いようです。

　埋葬料（費）を受ける権利には時効があり、受けることができるようになってから**2年**経過すると、時効消滅します。

　同様に、葬祭費も葬儀を行った日の翌日から2年で時効となりますので、忘れずに申請をするようにしましょう。

■添付書類（協会けんぽの場合）

　健康保険被保険者家族埋葬料（費）支給申請書を提出する際には、以下のような添付書類が必要となる。

被保険者が亡くなり、被扶養者が申請する場合	・事業主による死亡の証明
被保険者が亡くなり、被扶養者以外の被保険者により生計維持されていた人が申請する場合	・住民票（亡くなった被保険者と申請者が記載されているもの） ・住居が別の場合 　定期的な仕送りの事実のわかる預貯金通帳や現金書留のコピーまたは亡くなった被保険者が申請者の公共料金等を支払ったことがわかる領収書など
被保険者が亡くなり、被保険者により生計維持されていた人がいない場合で、実際に埋葬を行った人が申請する場合	・領収書（支払った人のフルネームおよび埋葬に要した費用額が記載されているもの） ・埋葬に要した費用の明細書（費用の内訳がわかるもの）
・事業主の証明を受けられない場合 ・任意継続被保険者が亡くなった場合	下記に挙げるもののうちいずれか一つ ・埋葬許可証または火葬許可証のコピー ・死亡診断書、死体検案書または検視調書のコピー ・亡くなった人の戸籍（除籍）謄（抄）本 ・住民票など
請求する死亡の原因が仕事中（業務上）または通勤途中によるものであって、労働（通勤）災害の給付を請求中の場合	労働基準監督署への照会に関する同意書
死亡原因の負傷が第三者の行為による場合	第三者行為による傷病届

■健康保険被保険者家族埋葬料（費）支給申請書
被保険者が死亡した場合

| 健康保険 | 被保険者 家 族 | **埋葬料（費）支給申請書** | **1** 2 ページ | 被保険者記入用 | 埋 |

加入者がお亡くなりになり、埋葬料（費）を受ける場合にご使用ください。なお、記入方法および添付書類等については「記入の手引き」をご確認ください。

被保険者・申請者情報

被保険者証	記号（左づめ）	番号（左づめ）	生年月日
	2 1 7 0 0 0 × × 1		2 1.昭和 2.平成 3.令和 年 0 1 月 0 5 日 1 0

氏名（カタカナ）	キョウカイ　ハナコ

姓と名の間は1マス空けてご記入ください。濁点（゛）、半濁点（゜）は1字としてご記入ください。

氏名	協会　花子

申請者について
①被保険者がおなくなりになった場合
⇒被保険者により生計維持されていた方／埋葬を行った方
②埋葬費がおなくなりになった場合
⇒被保険者

郵便番号（ハイフン除く）	9 8 1 0 0 0 0	電話番号（左づめハイフン除く）	0 9 0 1 2 3 4 × × × ×

住所	宮城 都道府県 仙台市　○○区○○町　1-2-3

振込先指定口座

振込先指定口座は、上記申請者氏名と同じ名義の口座をご指定ください。

金融機関名称	ゆうちょ 銀行 金庫 信組 農協 漁協 その他	支店名	二三八 本店 支店 代理店 出張所 本店営業部 本所 支所
預金種別	1 普通預金	口座番号（左づめ）	2 3 4 5 6 7 8

ゆうちょ銀行の口座へお振り込みを希望される場合、支店名は3桁の漢数字を、口座番号は振込専用の口座番号（7桁）をご記入ください。
ゆうちょ銀行口座番号（記号・番号）ではお振込できません。

「被保険者・事業主記入用」は2ページ目に続きます。　≫≫

被保険者証の記号番号が不明の場合は、被保険者のマイナンバーをご記入ください。
（記入した場合は、本人確認書類等の添付が必要となります。）　▶

社会保険労務士の提出代行者名記入欄	

―――― 以下は、協会使用欄のため、記入しないでください。 ――――

MN確認（被保険者）		1.記入（添付あり） 2.記入有（添付なし） 3.記入無（添付あり）			

添付書類	死亡証明書	□ 1.添付 2.不備	生計維持確認書類	□ 1.添付 2.不備	
	領収書内訳書	□ 1.添付 2.不備	埋葬費用	□□□□□□□ 円	
	戸籍（法定代理）	□ 1.添付	口座証明	□ 1.添付	

6 3 1 1 1 1 0 1		その他	□ 1.その他 （理由）	枚数	□□

受付日付印

全国健康保険協会
協会けんぽ

1 / 2

(2022.12)

申請者が被保険者との間に生計維持関係があるとき

健康保険 被保険者／家族 埋葬料（費）支給申請書　1 2 ページ

（被保険者・事業主記入用）

被保険者氏名　協会　太郎

①－1 死亡者区分	1	1. 被保険者 ➡ ①－2では「1. 埋葬料」もしくは「2. 埋葬費」をご選択ください。 2. 家族（被扶養者） ➡ ①－2では「3. 家族埋葬料」をご選択ください。
①－2 申請区分	1	1. 埋葬料（被保険者の死亡かつ、生計維持関係者による申請） 2. 埋葬費（被保険者の死亡かつ、生計維持関係者以外による申請） 3. 家族埋葬料（家族（被扶養者）の死亡かつ、被保険者による申請）
②－1 死亡した方の氏名（カタカナ）	キョウカイ　タロウ	姓と名の間は1マス空けてご記入ください。濁点（゛）、半濁点（゜）は1字としてご記入ください。
②－2 死亡した方の生年月日	2	1. 昭和 2. 平成 3. 令和　01年 05月 10日
②－3 死亡年月日		令和 28年 06月 05日
②－4 続柄（身分関係）	配偶者	➡「被保険者が死亡」した場合は、被保険者と申請者の身分関係をご記入ください。 「家族が死亡」した場合は、被保険者との続柄をご記入ください。
③－1 死亡の原因	1	1. 仕事中以外（業務外）での傷病 2. 仕事中（業務上）での傷病 3. 通勤途中での傷病 } ➡ ③－2へ
③－2 労働災害、通勤災害の認定を受けていますか。		1. はい 2. 請求中 3. 未請求
④ 傷病の原因は第三者の行為（交通事故やケンカ等）によるものですか。	2	1. はい 2. いいえ 「1. はい」の場合、別途「第三者行為による傷病届」をご提出ください。
⑤ 同一の死亡について、健康保険組合や国民健康保険等から埋葬料（費）を受給していますか。	2	1. 受給した 2. 受給していない
「①-2申請区分」が「2. 埋葬費」の場合のみご記入ください。 ※埋葬費の場合は、別途埋葬に要した費用の領収書と明細書も添付してください。		
⑥－1 埋葬した年月日		令和　年　月　日
⑥－2 埋葬に要した費用の額		円

申請内容

『健康保険埋葬料（費）支給申請書記入の手引き』をご確認ください。

事業主証明欄

死亡した方の氏名（カタカナ）	キョウカイ　タロウ 姓と名の間は1マス空けてご記入ください。濁点（゛）、半濁点（゜）は1字としてご記入ください。
死亡年月日	令和 06年 05月 28日

上記のとおり相違ないことを証明します。　令和 06年 06月 15日

事業所所在地　〒123-4567 仙台市○○区××町 4-5-6

事業所名称　株式会社 ○○商会

事業主氏名　○ ○○

電話番号　022 000 0000

6 3 1 2 1 1 0 1

全国健康保険協会　協会けんぽ

2／2

■葬祭費支給申請書
（江東区の例）

別記第2号様式（第3条関係）

江 東 区 長 殿

| | 令和 | 6 | 年 | ○ | 月 | ○ | 日 |

申請者
（喪主）

〒 1 3 5 － × × × ×

| 住所 | 東京 | ✓都 □道
□府 □県 | 江東 | □市 ✓区
□町 □村 |
| | 東陽4-××-×× | | | |

| 姓 | 深川 | 名 | 太郎 |

電話 03 （ 3647 ）××××

葬祭費支給申請書

下記のとおり申請します。

記

金額 ￥ 7 0, 0 0 0 円　　ただし、江東区国民健康保険条例第11条による葬祭費

	被保険者証の記号番号	記号	0 8 －	1 2	番号	3 4 5 6
死亡者関係事項	死 亡 年 月 日	令和	6 年	5 月	1 日	
	死 亡 者 氏 名	深川花子	✓S □H □R	○年 ○月 ○日 生		
	死亡の原因（病名等）	心不全				
	葬祭執行日（告別式）	令和	6 年	5 月	3 日	
	続　柄	申請者の　□夫 □妻 □父 □母 （　　　）				

※ 申請者名義以外の口座に振り込む場合は、裏面もご記入ください。

| 振込先
金融機関 | ゆうちょ | 銀　行
信用金庫
信用組合 | ○○八 | 本 店
支 店
出張所 |
| | 金融機関コード | | 支店コード | |

| 振込口座 | 預金種類 ✓普通 □当座（　　） | 口座番号 | 1 2 3 4 5 6 7 |
| | 名義人氏名
（カタカナ） | コ ウ ト ウ　イ チ ロ ウ | |

※ 申請者以外の方がお届けに来られた場合は、ご記入ください。

| （住所） | | |
| （氏名） | （電話）　（　　） | 申請者との関係 |

| 喪主確認 | 国保資格喪失情報 | 受付者 | 受付場所 |
| | （喪失日）
令和　年　月　日 | | 区 白 富 豊 小 亀 大 砂 南 |

46

■後期高齢者医療　葬祭費支給申請書
（埼玉県後期高齢者医療広域連合の例）

様式第６３号（第３２条関係）

後期高齢者医療　葬祭費支給申請書

受付日　　　　年　　　月　　　日
決定日　　　　年　　　月　　　日

| 保険者番号 | 1 | 2 | 3 | 4 | × | × | × | × |

| 被保険者番号 | ＊ | ＊ | ＊ | ＊ | ＊ | ＊ | ＊ | ＊ |

| 申　請　金　額 | ￥ | 5 | 0 | 0 | 0 | 0 | － |

死亡者の氏名	埼玉一郎
死亡者の生年月日	昭和 ○○ 年 ○○ 月 ○○ 日
死亡年月日	令和 6 年 ○ 月 ○ 日
葬　祭　日	令和 6 年 ○ 月 ○ 日
死亡の原因	1：第三者行為（交通事故等）　2：自損事故　③：疾病等

葬祭執行者	（申請者と同じ場合）	☑ 下記申請者に同じ
	（申請者と異なる場合）住所	
	フリガナ　氏　名	
	死亡者との続柄	

該当するものに○を付けてください。該当するものがない場合は（　）内に記入してください。網掛けの中は記入不要です。

| 振込先 | ゆうちょ | 銀　　行 信用金庫 信用組合 協同組合 （　　） | ○六八 | 本店 支店 （　　　） | 預金種別 | 普通 当座 （　　） |

| 口座番号 （左詰めで記入） | 1 | 2 | 3 | 4 | 5 | 6 | 7 | |
| 口座名義人 （カタカナ） | サ | イ | タ | マ | | タ | ロ | ウ |

口座名義人欄は、カタカナで上段から左詰めで記入してください。濁点・半濁点は１字として、姓と名の間は１字空けてください。

上記のとおり申請します。
なお、葬祭費の受領につきましては、下記申請者が一切の責を負います。
　　　　年　　　月　　　日
埼玉県後期高齢者医療広域連合長　あて
申請者（葬祭執行者）　〒330-××××
　　　　住所　埼玉県さいたま市浦和区○○町1丁目2-3
　　　　フリガナ　氏名　埼玉太郎
　　　　死亡者との続柄　長男
　　　　電話番号　090 1224 ××××

団体信用生命保険の手続きをする

団信弁済届の提出で住宅ローンは完済されますが、不動産の所有権移転登記、抵当権抹消登記を行う必要があります。

契約者の死亡で住宅ローンは完済となる

団信の略称で呼ばれることが多い**団体信用生命保険**ですが、マイホーム購入時に住宅ローンを組んだ人の多くは、この保険に加入していることでしょう。

ご存じのように、団体信用生命保険は、住宅ローンの契約者が死亡したり、高度障害を負うなどの万一のことがあったときに、住宅ローン残高が0円になる仕組みになっています。

故人が団体信用生命保険に加入していたら、銀行等の金融機関から渡される**団信弁済届**に記入し、提出します。

団信の仕組み

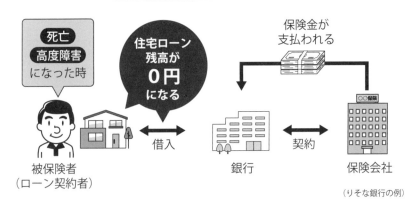

死亡 高度障害になった時

住宅ローン残高が**0円**になる

保険金が支払われる

被保険者（ローン契約者）　借入　銀行　契約　保険会社

（りそな銀行の例）

■団信弁済届

死亡用

届出日	年 月 日

団信弁済届

独立行政法人住宅金融支援機構　御中

　債務弁済充当（委託）約款に基づき、下記【団信弁済の届出にあたっての確認事項】及び「団信弁済パンフレット」の内容を了承の上、届出をします。

届出内容

死 亡 日	6 年　　○ 月　　○ 日

団信加入者（被保険者）

フリガナ	サイタマ　イチロウ	性　別	☑男　□女
氏　名	埼玉一郎	生年月日	☑昭和　□平成　○○年○○月○○日
フリガナ	サイタマケン　サイタマシ　ウラワク　マルマルチョウ		
住　所	〒 330 － ×××× 　埼玉県さいたま市浦和区○○町1丁目2-3		

届出者

フリガナ	サイタマ　ハナコ	団 信 加入者 との関係	☑1配偶者 □2親族（　　　　　） □3その他 （　　　　　　　）
氏　名	埼玉花子		
フリガナ	サイタマケン　サイタマシ　ウラワク　マルマルチョウ		
住　所	〒 330 － ×××× 　埼玉県さいたま市浦和区○○町1丁目2-3		
電話番号	（ 090 ）－（ 1224 ）－（ ×××× ）	※日中ご連絡がとれる電話番号を 　ご記入ください。	

【団信弁済の届出にあたっての確認事項】

- ●今般ご提出いただいた個人情報については、「団信弁済パンフレット」に記載の「個人情報の取扱いについて」によりお取扱いいたします。
- ●必要に応じて生命保険会社（または生命保険会社の委託会社）より、直接ご家族・主治医等に照会や確認を行うことがあります。あらかじめご了承ください。
- ●債務の完済が決定するまで、機構へのご返済は、これまでどおり相続人さまにおいて継続してください。審査の結果、債務の完済が決定した場合、死亡日(保険事故日)以後にお支払いただいた返済金等は、後日別途相続人さまに返金いたします。
- ●債務弁済が行われた後に、他の届出内容でご請求はできませんので、ご注意ください。

(注) 保険引受が全共連の場合は、保険を共済と読み替えてください。

【金融機関記入欄】　　　(注) 併せ貸しの有無をご確認ください。

金融機関名	
被保険者番号 （または顧客番号）	|　|　|　|　|　|　|　|　|　|　|　|　|　|　|
備考欄	(注)団信弁済返戻金の返金先を償還金口座以外とする場合は、「振込口座(変更)届(死亡用)」(帳票共9-3)をご提出いただくようお願いいたします。

　　　　　　　　　　　令和5年10月

第2章　なるべく早く行う手続き

07 健康保険の資格喪失の届け出をする

[書類]
資格喪失届

[費用] 無料

[入手先／提出先]

協会けんぽもしくは
健康保険組合

国保は
市区町村役場

5日以内
（国保は
14日以内）

資格喪失と保険証の返却

わが国は、国民皆保険制度が導入されているため、原則としてすべての国民が公的医療保険に加入しています。公的医療保険には、

①被用者保険（協会けんぽや健康保険組合、共済組合）

②国民健康保険

③後期高齢者医療制度

の3つの種類があります。

いずれの制度であっても、加入者が死亡した場合は、資格喪失の手続きが必要になることに変わりありません。

在職中に死亡した場合は、故人の勤務先に連絡します。従業員の死亡による社会保険（健康保険・厚生年金保険）の資格喪失の手続きである**被保険者資格喪失届**の提出は会社が行います。健康保険被保険者証の返却方法については、勤務先の指示に従いましょう。

国民健康保険の場合は、死亡した日から14日以内に**国民健康保険資格喪失届**を市区町村役場に提出します。

ただし、自治体によっては**死亡届**（14ページ参照）の提出が済んでいたら、あらためての資格喪失の手続きを不要としているところもあります。この点は後期高齢者医療制度も同じです。

■国民健康保険の加入者が死亡したとき

千葉市の例

［受付時間］午前8時30分～午後5時30分

［休日］土、日、祝日、年末年始（12月29日～1月3日）

［必要なもの］

・保険証（葬祭費※が支給される）

・死亡の確認ができるもの

・葬儀を行った人および葬儀を行ったことが確認できるもの
（会葬礼状、葬儀に要した費用の領収書等）

・葬儀を行った人名義の銀行口座がわかるもの

※請求の時効は葬儀を行った日の翌日から2年。

［申請期間］事由が発生した日から14日以内

［申請窓口］各区役所市民総合窓口課・各市民センター

●世帯主が死亡した場合は保険証の再交付を申請する

世帯主が死亡したことにより、保険証の世帯主が変わる場合は、保険証を書き換える必要がある。世帯全員の保険証を持参し、再交付を受ける。

●自治体により異なる届け出・手続き

国民健康保険、後期高齢者医療制度の被保険者の死亡に伴う資格喪失の手続きは、死亡届の提出により自動的に行われる自治体もあれば、資格喪失届書の提出が必要な自治体もある。また、14日以内ではなく、死亡の場合は7日以内の届け出としている自治体もある。

死亡届の提出だけでいい
自治体もある

板橋区、練馬区、大阪市などは死亡届だけでOK。
川越市は7日以内としている。

■国民健康保険被保険者証等再交付申請書（板橋区の例）

国民健康保険被保険者証等再交付申請書

板橋区長宛　　　　年　月　日

☑ 国民健康保険被保険者証
☐ 国民健康保険高齢受給者証
の交付を申請します。

世帯主	住所	板橋区 板橋二丁目66番1-777号　板橋本町マンション		
	氏名	板橋　弘　個人番号 1 2 3 4 5 6 7 8 9 × × ×	電話	3694-××××
申請者	住所	同一世帯以外の方が申請をされる場合にご記入ください 板橋　恵 ☐ 委任状添付		
	氏名	※世帯主の方は省略可	電話	3694-××××

	氏名（交付を必要とする方全員）	世帯主との続柄	性別	生年月日
1	（フリガナ）イタバシ　ゴロウ 板橋五郎 個人番号 9 8 7 6 5 4 3 2 1 × × ×	子	(男)・女	昭和 (平成) 令和 西暦 28年○月○日
2	（フリガナ） 個人番号		男・女	昭和 平成 令和 西暦 年 月 日
3	（フリガナ） 個人番号		男・女	昭和 平成 令和 西暦 年 月 日
4	（フリガナ） 個人番号		男・女	昭和 平成 令和 西暦 年 月 日

再交付申請理由	紛失等・汚破損 (書換) 未着・その他（　　　）

職員記載欄（記入不要）

資格確認書希望	有　・　無	証区分	一般・短期・資格
受付欄 印	発行区分	本人確認	
	証 交付・郵送・回収 未回収・未入力	☐ 個人番号カード ☐ 運転免許証 ☐ パスポート ☐ 障がい者手帳 ☐ 在留カード ☐ 世帯員の国保証	☐ 各種医療受給者証 ☐ 公共料金領収書 ☐ その他 ［　　　］
担当	高 交付・郵送・回収 未回収・未入力		
	記号番号記入欄		
備考欄		確認欄	

■後期高齢者医療被保険者資格の取得（変更・喪失）届書
（国分寺市の例）

別記第5号様式（第5条関係）

後期高齢者医療被保険者資格の取得（変更・喪失）届書

東京都後期高齢者医療広域連合長宛

　　　以下のとおり届出いたします。

届　出　日	6年 ○月 ○日

フリガナ	コクブンジ　　ハナコ	被保険者との関係	妻
届　出　者　名	国分寺　花子	連　絡　先電　話　番　号	042(325)××××
届　出　者　住　所	〒185-××××国分寺市戸倉○-○-○		

被保険者		新規（変更・喪失）			変　更　前
	フリガナ	コクブンジ　　タロウ	男・女		
	氏　名	国分寺　太郎			
	住　所	国分寺市戸倉○-○-○			
	生年月日	明治・大正・昭和 ○○年 ○○月 ○○日			
	個人番号				
	世帯主との続柄				

世帯主		新規（変更・喪失）			変　更　前	
	フリガナ		男・女			男・女
	氏　名					
	生年月日	明治・大正・昭和　　年　　月　　日				
	個人番号					

同一世帯の他被保険者	被保険者番号	フリガナ	性別	生年月日	世帯主との続柄
	個人番号	氏　名			
			男・女		
			男・女		
			男・女		

届出事由

取得	喪失
□転入（一般宅・施設）	□広域内転出
□適用除外解除（事由　　　）	□広域外転出・負担区分証明書・転出先確認（一般宅・施設）
□入国	□適用除外（事由　　　）
□帰化	□生保開始
□年齢到達	
□その他	

変更	
□住所変更	□出国
□氏名変更	☑死亡
□世帯変更	□その他
□その他	

適用年月日	○○年○月○日	被保険者番号	1 2 3 4 5 6 7 8

（用紙規格　A4）

被保険者証	減額証	特定疾病	高：	葬：

亡くなった人の
準確定申告をする

年の途中で死亡した場合は、その年分の被相続人の所得について の準確定申告を行う必要があります。

すべての被相続人について行うわけではない

手続きする人

原則としてすべての相続人が共同で

提出先

被相続人の住所地を管轄する税務署

> 相続人の住所地では ありません！

期限

相続人が相続を知った日の翌日から4カ月以内

> 4カ月以内に 手続き！

準確定申告が必要な人

被相続人が以下に該当した場合

1. 自営業（フリーランスなども含む）を行っていた

2. 保険の満期金や一時金を受けていた

3. 不動産収入を得ていた

4. 不動産や山林などを売却していた

5. 同族会社の役員等で、その会社から不動産の家賃や貸付金の利子などを受け取っていた

6. 会社員で、年間収入が2,000万円超、2カ所以上から給与をもらっていた、医療費控除などを受ける、給与などを除く所得が年間20万円超あったなど

7. 公的年金等の収入金額が400万円超

準確定申告は亡くなった年だけでない場合がある

　事例として、不動産や駐車場収入のある人が、亡くなるまで一切の確定申告をしていなかったことがあります。貸付相手が会社である場合、その会社は経費として家賃を計上します。しかし貸付相手が一般の人の場合、経費として賃貸人の名前が上がってこないので、ずっと無申告のまま見過ごされてしまうことがないわけではありません。この場合、最低でも過去5年分の確定申告を行います。遅れて申告・納付した分は、本来支払うべき税金に**無申告加算税**や**延滞税**がついてしまい、結果として損になりますし、悪質と判断されれば**重加算税**もかかります。

　また、相続税の特例として、後述する「**小規模宅地等の特例**」（156ページ参照）を受けられない場合も出てきます。駐車場として使用していた土地は、原則として財産評価額の50％で計算しますが、確定申告をしていない場合は事業等を行っていたと認められず、この減額がされないことにもつながります。

　亡くなった後の4カ月というのは、あっという間に過ぎてしまいます。期限に遅れないようにしましょう。

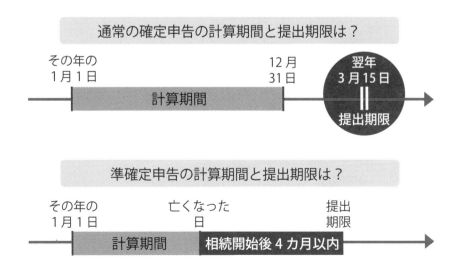

■準確定申告書

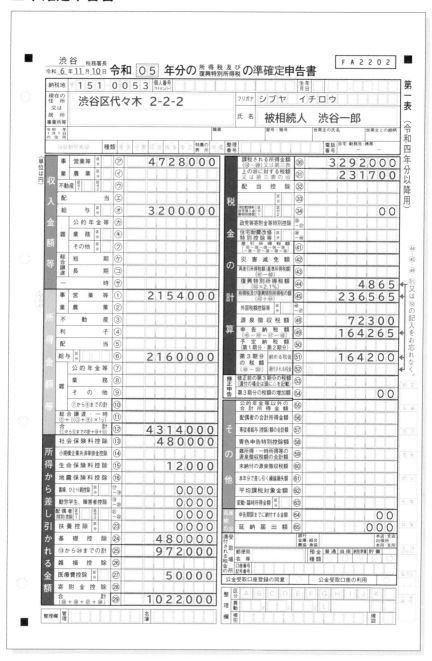

渋谷 税務署長
令和 6 年 11 月 10 日 令和 05 年分の 所得税及び 復興特別所得税 の準確定申告書   FA2202

第一表 (令和四年分以降用)

納税地 〒 151-0053 個人番号(マイナンバー)   生年月日
現在の住所又は居所事業所等 渋谷区代々木 2-2-2   フリガナ シブヤ イチロウ
氏名 被相続人 渋谷一郎
職業   屋号・雅号   世帯主の氏名   世帯主との続柄
種類 青色 分離 国出 損失 修正 特農の表示   整理番号   電話番号 自宅・勤務先・携帯

(単位は円)

収入金額等	事業	営業等	㋐	4728000
		農業	㋑	
	不動産		㋒	
	配当		㋓	
	給与		㋔	3200000
	雑	公的年金等	㋕	
		業務	㋖	
		その他	㋗	
	総合譲渡	短期	㋘	
		長期	㋙	
	一時		㋚	

所得金額等	事業	営業等	①	2154000
		農業	②	
	不動産		③	
	利子		④	
	配当		⑤	
	給与		⑥	2160000
	雑	公的年金等	⑦	
		業務	⑧	
		その他	⑨	
	⑦から⑨までの計		⑩	
	総合譲渡・一時 ㋘+{(㋙+㋚)×½}		⑪	
	合計 ⑩から⑥までの計+⑪+⑪		⑫	4314000

所得から差し引かれる金額	社会保険料控除	⑬	480000
	小規模企業共済等掛金控除	⑭	
	生命保険料控除	⑮	12000
	地震保険料控除	⑯	
	寡婦、ひとり親控除	⑰~⑱	0000
	勤労学生、障害者控除	⑲~⑳	0000
	配偶者(特別)控除	㉑~㉒	0000
	扶養控除	㉓	0000
	基礎控除	㉔	480000
	⑬から㉔までの計	㉕	972000
	雑損控除	㉖	
	医療費控除	㉗	50000
	寄附金控除	㉘	
	合計 ㉕+㉖+㉗+㉘	㉙	1022000

税金の計算	課税される所得金額 (⑫-㉙)又は第三表	㉚	3292000
	上の㉚に対する税額 又は第三表の㋜	㉛	231700
	配当控除	㉜	
		㉝	
	住宅借入金等特別控除 区分	㉞	0 0
	政党等寄附金等特別控除	㉟~㊲	
	住宅耐震改修特別控除等 区分	㊳~㊵	
	差引所得税額 (㉛-㉜-㉝-㉞-㉟-㊱-㊲-㊳-㊵)	㊶	
	災害減免額	㊷	
	再差引所得税額(基準所得税額)(㊶-㊷)	㊸	
	復興特別所得税額 (㊸×2.1%)	㊹	4865
	所得税及び復興特別所得税の額 (㊸+㊹)	㊺	236565
	外国税額控除等 区分	㊻~㊼	
	源泉徴収税額	㊽	72300
	申告納税額 (㊺-㊻-㊼-㊽)	㊾	164265
	予定納税額 (第1期分・第2期分)	㊿	
	第3期分の税額 (㊾-㊿) 納める税金	51	164200
		還付される税金	52	
	修正申告	修正前の第3期分の税額 (還付の場合は頭に△を記載)	53	
		第3期分の税額の増加額	54	0 0

その他	公的年金等以外の合計所得金額	55	
	配偶者の合計所得金額	56	
	専従者給与(控除)額の合計額	57	
	青色申告特別控除額	58	
	雑所得・一時所得等の源泉徴収税額の合計額	59	
	未納付の源泉徴収税額	60	
	本年分で差し引く繰越損失額	61	
	平均課税対象金額	62	
	変動・臨時所得金額	63	

| 延納の届出 | 申告期限までに納付する金額 | 64 | 0 0 |
| | 延納届出額 | 65 | 0 0 0 |

還付される税金の受取場所
銀行・金庫・組合・農協・漁協 本店・支店 出張所 本所・支所
郵便局名等
預金種類 普通 当座 納税準備 貯蓄
口座番号記号番号
公金受取口座登録の同意   公金受取口座の利用

整理欄 区分 異動

㊹・㊺・㊾・51又は52の記入をお忘れなく。

整理欄 管理   名簿   確認

■準確定申告書の作成手順

1. まず必要な資料を集める

   故人の源泉徴収票（給与や年金など）、医療費などの領収書、事業を行っていればその収支がわかるもの、不動産売買の領収書や契約書など、支払った社会保険料の領収書や生命保険料控除証明書など

2. 事業を行っていれば青色申告決算書や収支計算書を作成する

3. 作成した2の書類と源泉徴収票などを合算して、合計所得を計算する

4. 所得控除の欄で医療費控除や社会保険料控除などの各種控除を計算する

5. 税金の計算で税額を計算する

6. 準確定申告書の付表を作成する

7. 付表には相続人がそれぞれ署名する

8. それぞれの相続分や相続財産額を記入する

9. 還付額はなく、納付額があれば納付を行う

10. 5で還付額があればそれぞれの口座を記載する

11. 相続人のうち1人の者に還付額を入金する場合には、委任状を作成する

確定申告書付表

09

世帯主を変更する

[書類]
世帯主変更届（住民異動届）

[費用] 無料

[入手先／提出先]

市区町村役場

14日
以内

死亡届と同時の手続きが一般的

　世帯主が亡くなって世帯主に変更があった場合は、市区町村役場に**世帯主変更届（住民異動届）**を提出します。なお、世帯内の人が1人となったときは、その人が世帯主になるため、この手続きは必要ありません。

　届出期間は、変更のあった日から**14日以内**となっていますが、**死亡届**（14ページ参照）もしくは国民健康保険の資格喪失（50ページ参照）と一緒に手続きすることが多いです。

●手続きに必要なもの（相模原市の例）

①本人確認書類
　運転免許証、マイナンバーカード（個人番号カード）、在留カード、特別永住者証明書など官公署が発行した顔写真付きの書類は1点、健康保険証や年金手帳、年金証書等の書類は2点。

②委任状
　代理人の場合は、本人直筆の委任状が必要。

国民健康保険被保険者証を書き換える場合は、保険証も持参する。

■住民異動届（相模原市の例）

■委任状（相模原市の例）

運転免許証の返納、パスポートの返納どちらの手続きでも、死亡診断書の写し等の書類が必要になります。

運転免許証の返納は義務ではないが…

警視庁 Web サイトでは、「**亡くなられた方の運転免許証については、ご家族の方に返納していただく義務はありません。**」と案内しています。

ただし、運転免許証の有効期限が満了していない場合には、運転免許証更新連絡書等の通知が届くので、この通知の停止を希望する場合は、以下のような手続きが必要だといっています。

［手続き場所］都内全警察署、
　運転免許更新センター、運転免許試験場
［手数料］無料
［必要なもの］
①死亡した人の運転免許証
②死亡したことを証明する書類
　（死亡診断書の写し、住民票の除票などの書類）
③申請に来る人の本人確認書類（運転免許証など）

運転免許証と並んで、本人確認書類としてよく使われるパスポートはどうなるのでしょうか？

旅券の名義人が死亡した場合は、パスポートは効力を失います。死亡した人のパスポートは、戸籍謄本等の名義人が死亡した事実がわかる書類とともに、国内では都道府県パスポートセンターへ返納します。

■運転免許証とパスポートの返納

運転免許証の返納は義務ではない。次回の更新手続きはできないため、自動的に失効となる。

パスポートも、名義人が死亡したことで次回の更新手続きはできないため、返納しなくても自動的に失効となる。

第2章 なるべく早く行う手続き

■マイナンバーカードは？

死亡した人のマイナンバーカード、通知カード、住民基本台帳カードは返却の必要なし。不要になった段階で破棄する。

相続手続きが終わったら、破棄する。

■身体障害者手帳は？

本人が死亡されたときは、住所地の市区町村の障害福祉担当窓口に手帳を返還する。身体障害者手帳には有効期限がないため、返還をする必要がある。

［書類］
復氏届
※本籍地以外で提出する場合は、戸籍
謄本（戸籍全部事項証明書）が必要。

［費用］無料（復氏届）

［入手先／提出先］

届出人の本籍地または
所在地の市区町村役場

期限
なし

復氏は自分の意思で決められる

　夫を亡くした妻のケースなど、配偶者の死亡後、旧姓に戻すことが
できます。さまざまな理由があり、旧姓に戻って人生を再スタートし
たいという人もいるのではないでしょうか。

　旧姓に戻すには、**復氏届**を提出します。提出先は、届出人（復氏する人）
の本籍地または所在地の市区町村役場となっています。配偶者の死亡
届の提出後であれば、いつでも提出可能で期限もありません。

　なお、復氏届の提出にあたっては、家庭裁判所の許可や配偶者の親
族の同意を得る必要はなく、自分の意思のみで決定できます。

　それから、旧姓に戻っても、相続権利や遺族年金の受給権が消滅す
ることはないので、経済的な不利益を心配する必要はありません。

子どもの姓と戸籍を変える場合

　子どもの姓と戸籍を変更したい場合は、家庭裁判所に**子の氏の変更
許可申立書**を提出します。申立費用は収入印紙800円（子1人につき）
と連絡用の郵便切手代です。後日、家庭裁判所からさらなる書面での
照会や直接事情を尋ねられたりすることがあるので、裁判所からの照
会や呼び出しには誠実に対応するようにしましょう。

■復氏届（札幌市の例）

<table>
<tr><td colspan="2" rowspan="2"> 復　氏　届 令和 6 年 ○月 ○日届出 </td><td>受　理　令和　年　月　日</td><td colspan="2">発　送令和　年　月　日</td></tr>
<tr><td>第　　　　　号</td><td colspan="2" rowspan="2">長　印</td></tr>
<tr><td colspan="2" rowspan="2"> 札幌市 長 殿 </td><td>送　付　令和　年　月　日
第　　　　　号</td></tr>
<tr><td>書類調査　戸籍記載　記載調査　附　票　住民票　通　知</td><td></td></tr>
</table>

（よみかた） 復氏する人の 氏　　名	こうの 氏 **甲野**	よしこ 名 **美子**	昭和49年 ○月 ○日生

住　　　　所 住民登録をして いるところ	**札幌市○○区○○町77**		
	世帯主 の氏名	**甲野　美子**	

本　　　　籍	**札幌市△△区××町88**	番地 番
	筆頭者 の氏名　**甲野　鉄郎**	

復　す　る　氏 父母の氏名 父母との続き柄	氏（よみかた）　おつの **乙野**	父　**乙野　剛** 母　　　　**慶子**	続き柄 **長**　□男 ✓女

復氏した後の 本　　　　籍	✓もとの戸籍にもどる　□新しい戸籍をつくる　（よみかた） **函館市○×町△△11** 番地番	筆頭者 の氏名 **乙野　剛**

死亡した配偶者	氏名　**甲野　鉄郎**	**令和6**年 ○月 ○日死亡

そ の 他	

届出人署名 (※押印は任意)	**甲野　美子**	印

住定年月日　　　・　　・	日中連絡のとれるところ 電話　（　　　　） 自宅　勤務先　呼出（　　方)

字訂正
字加入
字削除

■子の氏の変更許可申立書

受付印	子 の 氏 の 変 更 許 可 申 立 書
	（この欄に申立人１人について収入印紙 800 円分を貼ってください。）

収 入 印 紙	円	
予 納 郵 便 切 手	円	（貼った印紙に押印しないでください。）

準口頭		関連事件番号　平成・令和　　年（家　　）第	号

○○　家庭裁判所 御中 令和　6　年　○月　○日	申 立 人 １５歳未満の 場合は法定代 理人 の 記 名 押 印	乙野太郎、次郎の法定代理人 ㊞ **甲野花子**

添付書類	（同じ書類は１通で足ります。審理のために必要な場合は、追加書類の提出をお願いすることがあります。） ☑申立人（子）の戸籍謄本（全部事項証明書）　　☑父・母の戸籍謄本（全部事項証明書） □

		本　籍	東京 ㊞都道府県 八王子市○○町○番地	
申立人（子）		住　所	〒 192 - 00×× 　　　電話　042（ 123 ）△△△△ 東京都日野市△△町△丁目○番○号　○○アパート○号　　　　方）	
		フリガナ 氏　名	オツノ　タロウ **乙野太郎**	昭和 平成 令和　○年　○月　○日生 （　　○○　歳）
		本　籍 住　所	※　上記申立人と同じ	
		フリガナ 氏　名	オツノ　ジロウ **乙野次郎**	昭和 平成 令和　○年　○月　○日生 （　　○○　歳）
		本　籍 住　所	※　上記申立人と同じ	
		フリガナ 氏　名		昭和 平成 令和　年　　月　　日生 （　　　　歳）
☆法定代理人（父・母後見人）		本　籍	東京 ㊞都道府県 府中市○○町1丁目1番	
		住　所	〒　　－ 上記申立人の住所に同じ 　　電話　042（123 ）△△△△ （　　　　方）	
		フリガナ 氏　名	コウノ　ハナコ **甲野花子**	フリガナ 氏　名

（注）　太枠の中だけ記入してください。　※の部分は、各申立人の本籍及び住所が異なる場合はそれぞれ記
　　　入してください。　☆の部分は、申立人が１５歳未満の場合に記入してください。

子の氏（1/2）

（942010）

64

申　立　て　の　趣　旨
※
申立人の氏（ **乙野** ）を ① 母 2 父 の氏（ **甲野**）に変更することの許可を求める。 3 父母

(注)　※の部分は，当てはまる番号を○で囲み，（　）内に具体的に記入してください。

申　立　て　の　理　由
父　・　母　と　氏　を　異　に　す　る　理　由
※ 1　父　母　の　離　婚　　　5　父　の　認　知 2　父　・　母　の　婚　姻　　　⑥　父(母)死亡後，母(父)の復氏 3　父　・　母　の　養子縁組　　7　その他（　　　　　　　　　　） 4　父　・　母　の　養子離縁 　　　　　　　　　　（その年月日　　平成・令和　6年　○月　○日）
申　立　て　の　動　機
※ ①　母との同居生活上の支障　　5　結　　　　　　　婚 2　父との同居生活上の支障　　6　その他〔 3　入　園　・　入　学 4　就　　　　　職

(注)　太枠の中だけ記入してください。　※の部分は，当てはまる番号を○で囲み，父・母と氏を異にする
　　理由の7，申立ての動機の6を選んだ場合には，（　　）内に具体的に記入してください。

子の氏（2/2）

12 姻族関係を終わらせたい ときの手続き

［書類］
姻族関係終了届
※本籍地以外で提出する場合は、戸籍謄本（戸籍全部事項証明書）が必要。

［費用］無料

［入手先／提出先］

届出人の本籍地または
所在地の市区町村役場

期限
なし

配偶者が死亡しても親族との関係は続く

　配偶者が亡くなることで、婚姻関係は終了となります。しかし配偶者の姻族との関係は存続します。**復氏届**（62ページ参照）を提出して、旧姓に戻ったとしても、姻族関係は終了とはなりません。

　姻族とは、婚姻によって生じる親戚関係のことであり、「義理の父母」「義理の兄弟姉妹」と呼ばれるような人たちです。

　前述のように、配偶者が死亡しても姻族関係が続くわけであり、例えば義理の父母の扶養義務などは残ります。こうした関係を終了させたいときは、**姻族関係終了届**を届出人の本籍地または所在地の市区町村役場に提出します（親族の同意は不要）。

　なお、本籍地ではない市区町村役場に提出する場合は、戸籍謄本（戸籍全部事項証明書）が必要です。

姻族関係の
終了

子どもと死亡した配偶者の親族
との関係は続く。

■姻族関係終了届

姻族関係終了届	受理	令和　年　月	発送	令和　年　月
	第			長 印
令和 6 年 ○月 ○日	送付届出	令和　年　月		
	第			
春日部市 長殿	書類調査	戸籍記載	記載調査	

(よ み か た) 姻族関係を終了 させる人の氏名	かすかべ 氏 **春日部**	はなこ 名 **花子**	昭和45 年 ○ 月 ○日生	
住　　所 (住民登録をしているところ)	**埼玉県春日部市○○町123**			
	世帯主の氏名	**春日部 花子**		
本　　籍	**埼玉県春日部市△△町567**		番地番	1
	筆頭者の氏名	**春日部 一郎**		
死亡した配偶者	氏名	**春日部 一郎**	令和6 年 ○ 月 ○日死亡	
	本籍	**埼玉県春日部市△△町567**	番地番	1
	筆頭者の氏名	**春日部 一郎**		
そ の 他				
届出人署名 (※押印は任意)	**春日部 花子**		印	

字訂正
字加入
字削除

日中連絡のとれるところ
電話 （ **048 736 XXXX**
自宅 勤務先 呼出 （

※書式は市区町村によって異なる。

13 公共サービス等の名義変更・解約手続き

身近な人が亡くなると、公共料金（電気、ガス、水道）をはじめ、各種サービス契約の引継ぎ・解約の手続きが必要になります。

契約者の死亡によって引き継ぐもの・やめるもの

まずは、公共料金（電気、ガス、水道）に関する手続きを行いましょう。

電気（東京電力の場合）

電気料金等振込用紙（請求書）に記載されているカスタマーセンターに連絡し、解約もしくは名義変更したい旨を伝える。

●問い合わせ先
規制料金プラン（従量電灯、低圧電力など）
0120-995-001
　［受付時間］月～土曜日（休祝日を除く）9:00～17:00

ガス（東京ガスの場合）

東京ガスお客さまセンター
03-6838-9007（契約内容の変更・確認の場合）
　［営業時間］月～土曜日：9:00～19:00
　　　　　　　日曜日・祝日：9:00～17:00

水道（東京都水道局の場合）

水道局お客さまセンター

ナビダイヤル：0570-091-100

　03-5326-1101（区部）　　042-548-5110（多摩）

［受付時間］8:30〜20:00（日曜日・祝日を除く）

ＮＨＫ受信契約

ＮＨＫふれあいセンター

フリーダイヤル：0120-151515

［受付時間］9:00〜18:00（土曜日・日曜日・祝日も受付）

※12月30日17時〜1月3日は利用できない。

ＩＰ電話等でフリーダイヤルが利用できない場合

　050-3786-5003（有料）

［受付時間］9:00〜18:00（土曜日・日曜日・祝日も受付）

※12月30日17時〜1月3日は利用できない。

受付内容は、フリーダイヤルと同じ。

携帯電話（NTTドコモの場合）

ドコモショップ／d gardenで手続き可能。

契約を引き継がずに解約すると、dポイント/ドコモポイントは失効する。事務手数料等はかからない。

［必要書類］

①死亡の事実が確認できるもの

　死亡届、住民票（除票）、埋葬（火葬）許可証など

②ドコモUIMカード/ドコモeSIMカード

　紛失・盗難時を除く

③来店する人の本人確認書類

14 死亡した人の事業を承継する場合の手続き

死亡した人が事業を行っていた場合の事業承継の手続きは、法人（会社）よりも、個人事業のほうが複雑になります。

事業承継にはいくつかの選択肢がある

亡くなった人が事業をしていた場合、相続人は

①事業を引き継ぐ
②相続人ではない役員、従業員へ引き継がせる
③第三者へ事業を売却する
④事業を廃業する

のいずれかを選択します。

亡くなった人が個人事業主の場合は、事業用資産・債務もすべて相続の対象となりますので、債務が多い場合は**相続放棄**（106ページ参照）をすることも考えましょう。

また、亡くなった人が株式会社の株主兼1人取締役である場合は、相続で株式を取得した相続人が株主総会で、新しい取締役を選任します。

事業承継は生前に対策を講じておく

事業承継手続きは複雑で時間がかかるため、亡くなった後で、一から手続きをするとなると、業務に支障が生じる可能性があります。このような事態を回避する意味でも、生前に後継者や引き継がせる財産などを**遺言**（102ページ参照）で指定しておくのがいいでしょう。

■個人事業主の事業承継手続き

死亡の手続き（納税地を管轄している税務署）

- 廃業届（亡くなった日から１カ月以内）
- 事業廃止届（消費税課税事業者）
- 給与支払事務所等の開設・移転・廃止届
（亡くなった日から１カ月以内）
- 青色申告の取りやめ届（事業廃止年の翌年３月15日まで）
- 準確定申告（亡くなった日から４カ月以内）　…etc.

事業を引き継ぐための手続き

- 開業届（亡くなった日から１カ月以内）
- 給与支払事務所等の開設・移転・廃止届
（亡くなった日から１カ月以内）
- 青色申告（亡くなった日により期限が変わる）
　…etc.　　　　※その他、預貯金、不動産等の相続手続きが必要となる。

■株式会社の事業承継手続き（株主兼１人取締役）

１．株式の相続手続き

遺産分割協議等で誰が相続するかを決定

２．取締役（代表取締役）の選任

株主総会を開き、取締役を選任
- 役員変更の登記手続き
- その他国税、地方税の届け出、社会保険の代表者の変更届等

相続手続きに必要な書類

日常生活において、戸籍謄本を取るような機会はそれほど多くないのですが、今ではコンビニ交付もできます。

死後の手続きで必要となる書類は主に10種類

身近な人が亡くなった場合は、数多くの死後の手続きをしなければならないわけですが、中にはいくつかの添付書類が必要となる届け出等もあったりします。

この後の第3章、第4章、第5章でも必要となる添付書類について説明しますが、相続手続きをはじめ、死後の手続きで必要となる書類（添付書類）は、以下のようなものです。

どんな書類なのか？　用語の定義を踏まえながら、ここでしっかりと理解しましょう。

1. 戸籍謄本（戸籍全部事項証明書）

同じ戸籍に入っている全員の身分事項を証明する書類。
本籍地のある市区町村役場に対して申請をすれば、取得できる。

2. 戸籍抄本（戸籍一部事項証明書）

戸籍に記載されている人のうち1人または複数人の身分事項を証明する書類。戸籍謄本と同じく、本籍地のある市区町村役場で取得できる。抄本とは「一部の写し」の意。

3. 除籍謄本（除籍全部事項証明書）

結婚や死亡などで誰もいなくなった状態の戸籍。除籍を保存している市区町村役場で取得できる。

4．除籍抄本（除籍一部事項証明書）

除籍謄本のうち、一部の人について記載されたもの。除籍を保存している市区町村役場で取得できる。

5．住民票

住所を証明する書類。住所地の市区町村役場で取得する。

6．住民票の除票

転出や死亡等により、住民登録が消除された状態の住民票。最後の住所地の市区町村役場で取得する。

7．死亡診断書

人間の死亡を医学的・法律的に証明する書類。医師もしくは歯科医師だけが作成・交付できる。

8．印鑑登録証明書

登録された印鑑が本物であることを証明する書類。印鑑登録をした市区町村役場で発行してもらう。

9．本人確認書類

氏名、生年月日、住所が確認できるもの。
例：運転免許証、マイナンバーカード、パスポートなど
※本人確認では、顔写真があるものを求められる場合もある。

10．法定相続情報一覧図

120ページ参照。

【コラム】
意外に知られていない手数料

●「何通必要か？」を確認した上で取得する

相続手続き等では、72～73ページで紹介したように、いくつかの書面を取得する必要があるわけですが、これら書面の交付・発行は無料ではありません。手数料がかかります。

手数料については、各市区町村役場のHPで案内しています。ちなみに、戸籍料金は全国一律、住民票は自治体によりまちまちです。ここでは川崎市の例で、実際に手数料がどれくらいかかるのか見てみるとしましょう。それぞれ1通あたりの料金です。

戸籍謄本（戸籍全部事項証明書）	450円
戸籍抄本（戸籍一部事項証明書）	450円
除籍謄本（除籍全部事項証明書）	750円
除籍抄本（除籍一部事項証明書）	750円
住民票（の写し）	300円
住民票の除票（の写し）	300円
印鑑登録証明書	300円

以上のように、手数料は高額ではありませんが、必要以上に取得しても無駄になってしまいます。何通あれば足りるのか確認した上で申請するようにしましょう。

3章

年金の手続き

01 年金受給停止と 未支給年金の請求

[書類]
・年金受給権者死亡届（報告書）
・未支給年金・未払給付金請求書

[費用] 無料

[提出先]
年金事務所または
街角の年金相談
センター

**10日
以内**

年金受給権者死亡届を提出して年金支給を停止する

　年金を受給していた人が亡くなった場合は、「**年金受給権者死亡届（報告書）**」を提出して年金をストップさせます。提出先は、年金事務所または街角の年金相談センター。提出期限は、死亡日から**10日以内**（国民年金は**14日以内**）となっています。

　なお、日本年金機構に個人番号（マイナンバー）が収録されている人は、「年金受給権者死亡届（報告書）」を提出する必要はありません。

未支給の年金を請求する

　年金は亡くなった月分までもらえるため、通常、未支給の年金が発生します。この未支給年金については、死亡した人と生計を同じくしていた遺族が受け取ることができます。

　未支給年金を受け取れる遺族の範囲は、①配偶者、② 子、③父母、④孫、⑤祖父母、⑥兄弟姉妹、⑦その他①～⑥以外の３親等内の親族と定められており、未支給年金を受け取れる順位もこれと同じです。未支給年金の請求の時効は、受給権者の年金の支払日の翌月の初日から起算して**5年**ですが、請求漏れが多い年金ですので忘れることのないように気を付けましょう。

《添付書類》

●死亡の届出

・死亡した人の年金証書
・死亡の事実を明らかにできる書類（下記のいずれか）
　・住民票除票
　・戸籍抄本
　・市区町村長に提出した死亡診断書（死体検案書等）のコピー　または死亡届の記載事項証明書

●未支給年金の請求

・死亡した人の年金証書
・死亡した人と請求する人の続柄が確認できる書類（戸籍謄本または法定相続情報一覧図の写し等）
・死亡した人と請求する人が生計を同じくしていたことがわかる書類（亡くなった方の住民票の除票および請求する方の世帯全員の住民票の写し）
・受け取りを希望する金融機関の通帳
・死亡した人と請求する人が別世帯の場合は「生計同一関係に関する申立

■3親等内の親族図

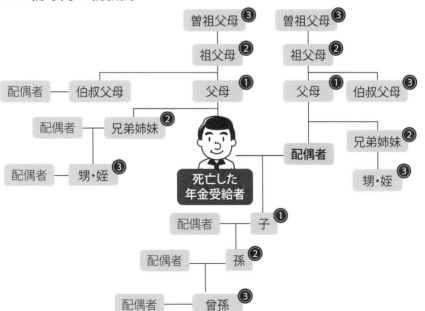

■受給権者死亡届（報告書）

受付登録コード				
1	8	5	0	1

入力処理コード			
7	4	5	0

国民年金・厚生年金保険・船員保険・共済年金・年金生活者支援給付金

受給権者死亡届（報告書）

死亡した受給権者

❶ 基礎年金番号および年金コード

基礎年金番号	年金コード（複数請求する場合は右の欄に記入）			
1 2 3 4 5 6 × × × ×	5	3	5	0

❷ 生年月日　明治・大正・(昭和)・平成・令和　2 5 年　1 0 月　1 0 日

⑦（フリガナ）　ネンキン　　　タロウ
氏　名　(氏) 年金　　(名) 太郎

❸ 死亡した年月日　昭和・平成・(令和)　0 6 年　0 8 月　1 5 日

届出者

❺（フリガナ）　ネンキン　　ハナコ　　❻続柄　※続柄
氏　名　(氏) 年金　　(名) 花子　　妻

❼ ※未支給　有・無

❽ 郵便番号　1 6 8 - 0 0 7 1

⑦ 電話番号　090 - 1234 - ××××

❾（フリガナ）　※住所コード　スギナミ　タカイドニシ　デコボコマンション 123ゴウシツ
住　所　杉並区 ⑩町村　高井戸西3-5-24 凸凹マンション 123号室

◎ 未支給の年金・給付金を請求できない方は、死亡届（報告書）のみご記入ください。

◎ 死亡届のみを提出される方の添付書類
　1．死亡した受給権者の死亡の事実を明らかにすることができる書類
　　　（個人番号（マイナンバー）が収録されている方については不要です）
　　　・住民票除票
　　　・戸籍抄本
　　　・死亡診断書（コピー可）　　　　　などのうち、いずれかの書類

　2．死亡した受給権者の年金証書
　　　年金証書を添付できない方は、その事由について以下の事由欄にご記入ください。

（事由）
ア、　廃棄しました。　　　　　（　　　年　　　月　　　日）
イ、　見つかりませんでした。今後見つけた場合は必ず廃棄します。
ウ、　その他（　　　　　　　　　　　　　　　　　　　）

⑦ 備　考

市区町村 受付年月日	実施機関等 受付年月日	令和　6 年　○ 月　○ 日 提出

年金事務所記入欄
※遺族給付同時請求　有・無
※未支給請求　有・無

4

■未支給年金・未支払給付金請求書

国民年金・厚生年金保険・船員保険・共済年金・年金生活者支援給付金

未支給年金・未支払給付金請求書

二次元コード

様式第514号

45	46	48	【職員記入欄】死亡した方が年金生活者支援給付金を受給されていた場合は右欄に ☑	□

死亡された受給権者

❶ 基礎年金番号および年金コード

基礎年金番号 `1 2 3 4 5 6 × × × ×` `1 1 5 0`

年金コード（複数請求する場合は右の欄に記入）`5 3 5 0`

❷ 生年月日　明治・大正・昭和・平成・令和　`2 5` 年 `1 0` 月 `1 0` 日

❸ （フリガナ）ネンキン　タロウ
氏名（氏）**年金**（名）**太郎**

❸ 死亡した年月日　昭和・平成・令和　`0 6` 年 `0 8` 月 `1 5` 日

◎◎◎「記入上の注意」などをよく読んでからご記入ください。基礎年金番号・年金コードが不明なときは、年金事務所の窓口でご相談ください。「※」印欄は、記入しないでください。

◆死亡した方が厚生年金保険・船員保険・統合共済の年金以外に共済組合等で支給する共済年金も受給していた場合、あわせて共済の未支給（未済の給付）の請求を希望しますか。（未済年金と国民（基礎）年金のみ受けていた方は、別途共済組合等に請求が必要です。）　はい・いいえ

請求される方　請求者

❺ （フリガナ）ネンキン　ハナコ
氏名（氏）**年金**（名）**花子**

❻ 続柄 ※続柄　**妻**

❽ 郵便番号 `1 6 8 - 0 0 7 1`　❼ 電話番号 `090 - 1234 - ××××`

❾ （フリガナ）※住所コード　スギナミ　タカイドニシ　デコボコマンション　123ゴウシツ
住所　**杉並区**（町村）**高井戸西3-5-24 凸凹マンション 123号室**

個人番号 `1 2 3 4 5 6 7 8 9 × × ×`　←請求される方の個人番号（マイナンバー）をご記入ください。

㋐ 年金受取機関
1. 金融機関（ゆうちょを除く）
2. ゆうちょ銀行（郵便局）
□ 公金受取口座として登録済みの口座を指定

（フリガナ）ネンキン　ハナコ
口座名義人氏名　**年金 花子**

金融機関　金融機関コード 支店コード（フリガナ）**タカイド**（フリガナ）**スギナミ**
高井戸　**杉並**　預金種別 `1 普通` 2 当座　口座番号（左詰めで記入）`1 2 3 × × ×`

年金送金先

ゆうちょ銀行　貯金通帳の口座番号　記号（左詰めで記入）　番号（右詰めで記入）

金融機関またはゆうちょ銀行の証明欄 ※

※貯蓄預金口座または貯蓄貯金口座への振込はできません。
※通帳等の写し、口座番号、氏名等を添付する場合、口座名義人氏名フリガナ、口座番号の面を添付する場合および公金受取口座を指定する場合、証明は不要です。

㋑ 受給権者の死亡当時、受給権者と生計を同じくしていた次のような方がいましたか。

配偶者	子	父母	孫	祖父母	兄弟姉妹	その他3親等等内の親族
いる・いない	いる・いない	いる・いない	いる・いない	いる・いない	いる・いない	いる・いない

㋒ 死亡した方が三共済（JR、JT、NTT）・農林共済年金に関する共済年金を受けていた場合にご記入ください。
死亡者からみて、あなたは相続人ですか。
（相続人の場合には、続柄についてもご記入ください。）（続柄）　はい・いいえ

㋓ 備考

㋔ 別世帯となっていることについての理由書

請求される方が、別世帯の配偶者または子の場合

次の理由により、住民票上、世帯が別となっているが、受給権者の死亡当時、その者と生計を同じくしていたことを申立します。
（該当の理由に〇印をつけてください。）

請求者氏名

理由
1. 受給権者の死亡当時、同じ住所に二世帯で住んでいたため。
　（請求者が配偶者または子である場合であって、住民票上、世帯が別であったが、住所が同じであったとき。）
2. 受給権者の死亡当時は、同じ世帯であったが、世帯主の死亡により、世帯主が変更されたため。

死亡した受給権者と請求者の住所が住民票上異なるときは、生計を同じくしていた場合は「別居していたことについての理由書」などが必要となります。用紙が必要な方は、「ねんきんダイヤル」またはお近くの年金事務所などにお問い合わせください。
詳しくは、5ページの「生計同一に関する添付書類一覧表」をご覧ください。

令和　年　月　日提出

年金事務所記入欄
※遺族給付同時請求　有（よ）・無
※死亡届の添付　有・無

市区町村受付年月日

実施機関等受付年月日

3

02 遺族年金の仕組み

> 遺族年金には、遺族基礎年金と遺族厚生年金の2つがあり、亡くなった人によって生計を維持されていた遺族に支給されます。

公的年金を受け取れるのは「老齢・障害・死亡」

わが国は、国民皆年金であり、自営業者や無業者も含め、基本的に20歳以上60歳未満のすべての人が公的年金制度の対象です。

公的年金制度からの年金給付は、老齢年金、障害年金、遺族年金の3種類あります。あらためて説明するまでもないことですが、死亡した人の遺族に対して支給されるのが遺族年金です。

遺族基礎年金と遺族厚生年金の2階建て

老齢年金が老齢基礎年金と老齢厚生年金の2階建てになっているのと同様に、遺族年金も**遺族基礎年金**と**遺族厚生年金**の2階建て構造です。

会社員や公務員等は、国民年金と厚生年金保険の両方に加入していますので、万一のときは「遺族基礎年金＋遺族厚生年金」が遺族に対して支給されます。

遺族基礎年金と遺族厚生年金、それぞれの受給要件は82 ～ 83ページに示したとおりです。ただし、死亡した人が保険料を滞納していたりすると、年金が支給されません。

老齢基礎年金については、法改正により2017（平成29）年8月1日から受給資格期間が10年に短縮されましたが、遺族基礎年金は受給資格期間が25年以上あることが要件とされます。自営業者等で国民年金保険料の未納期間がある場合は、この25年の要件を満たせないため遺族基礎年金がもらえないケースもあり得ます。

■公的年金制度

	老齢	障害	死亡
国民年金	老齢基礎年金	障害基礎年金	遺族基礎年金
厚生年金保険	老齢厚生年金	障害厚生年金	遺族厚生年金

■子がいなければ遺族基礎年金はもらえない

夫を亡くした妻の場合

子のある妻	子のない妻

年金がもらえる	年金がもらえない

遺族基礎年金は"子育て年金"とよく言われる。
子のある配偶者、もしくは子に支給される年金である。

■遺族基礎年金の受給要件

次の①～④のいずれかの要件を満たしている人が死亡したときに、遺族に遺族基礎年金が支給される。

①国民年金の被保険者である間に死亡したとき
②国民年金の被保険者であった60歳以上65歳未満の人で、日本国内に住所を有していた人が死亡したとき
③老齢基礎年金の受給権者であった人が死亡したとき
④老齢基礎年金の受給資格を満たした人が死亡したとき

①および②の要件については、死亡日の前日において、保険料納付済期間（保険料免除期間を含む）が国民年金加入期間の3分の2以上あることが必要。ただし、死亡日が2026（令和8）年3月末日までのときは、死亡した人が65歳未満であれば、死亡日の前日において、死亡日が含まれる月の前々月までの直近1年間に保険料の未納がなければよい。

③および④の要件については、保険料納付済期間、保険料免除期間および合算対象期間を合算した期間が**25年以上**ある人に限られる。

参考

遺族基礎年金の年金額（年額：令和6年度）

●子のある配偶者が
　受け取るとき

816,000円※
＋
子の加算額

※昭和31年4月1日以前
生まれの人は813,700円

●子が
　受け取るとき

816,000円
＋
2人目以降の子の加算額

・1人目および2人目の子の加算額は
　各234,800円
・3人目以降の子の加算額は
　各78,300円

［用語解説］

合算対象期間（がっさんたいしょうきかん）

年金額には反映されないが、年金を受け取るための期間には算入できる期間。カラ期間とも呼ばれる。例えば、昭和36年4月〜平成3年3月までの間において、20歳以上60歳未満だった人が、その当時学生だったため国民年金に任意加入していなかった期間などがカラ期間になる。

■遺族厚生年金の受給要件

次の①〜⑤のいずれかの要件を満たしている人が死亡したときに、遺族に遺族厚生年金が支給される。

①厚生年金保険の被保険者である間に死亡したとき
②厚生年金の被保険者期間に初診日がある病気やケガが原因で初診日から5年以内に死亡したとき
③１級・２級の障害厚生（共済）年金を受け取っている人が死亡したとき
④老齢厚生年金の受給権者であった人が死亡したとき
⑤老齢厚生年金の受給資格を満たした人が死亡したとき

遺族基礎年金と同じく、

・①および②は死亡日の前日において、保険料納付済期間（保険料免除期間を含む）が国民年金加入期間の3分の2以上あること
・④および⑤についても保険料納付済期間等が25年以上あること

が要件となる。

遺族年金をもらえる人

遺族年金を受給できる遺族には、いくつかの条件があります。中でも配偶者の条件と子どもの条件が重要です。

遺族年金を受け取れる遺族とは？

前述のように、遺族年金は、死亡した人に生計を維持されていた遺族に対して支給される年金です。ここでいう"生計を維持"とは、次の①と②どちらの要件も満たしている必要があります。

① 生計を同じくしていること
② 収入要件（前年の収入が850万円未満、または所得が655万5,000円未満）を満たしていること

遺族の範囲と優先順位

実際に、遺族基礎年金を受け取ることができる遺族は、①子のある配偶者もしくは②子となっています。子のある配偶者とあるように、妻を亡くした夫も子があれば遺族基礎年金を受給できます。

遺族厚生年金の遺族は、85ページの図表のように、遺族基礎年金よりも範囲が広くなっていますが、優先順位が決められていて、年金を受け取れるのは最も優先順位の高い人だけです。

子のない夫も受給できます。ただし、妻が亡くなった時点で**55歳以上**であるという条件が付きます。55歳未満の場合は、遺族厚生年金を受給できません。

■遺族厚生年金の受給対象者と優先順位
●受給対象者

① 妻  ※1	② 子  ※2	③ 夫  ※3 （死亡当時に55歳以上）
④ 父母  ※4 （死亡当時に55歳以上）	⑤ 孫  ※2	⑥ 祖父母  ※4 （死亡当時に55歳以上）

※1 子のない30歳未満の妻は、5年間の有期年金となる。
※2 18歳になった年度の3月31日までにある、または20歳未満で障害年金の障害等級1級または2級の状態にある。
※3 受給開始は60歳から。遺族基礎年金を併せて受給できる場合は、55歳から60歳の間でも遺族厚生年金を受給可能。
※4 受給開始は60歳から。

●優先順位

1	子のある妻	子のある55歳以上の夫	子
2	子のない妻	子のない55歳以上の夫	

3 55歳以上の父母	4 孫	5 55歳以上の祖父母

寡婦年金・死亡一時金

[書類]
年金請求書
（国民年金寡婦年金）

[費用] 無料

[入手先／提出先]
市区町村役場、
年金事務所または
街角の年金相談センター

速やかに
寡婦年金…
時効5年
死亡一時金…
時効2年

寡婦年金を受給できるのは妻だけ

寡婦年金は、保険料納付済期間（免除期間を含む）が**10年以上**ある国民年金の第1号被保険者である夫が、年金を受け取ることなく死亡したときに、残された妻に支給されます。受け取れるのは妻が60歳から65歳までの5年間に限られます。

寡婦年金をもらえるのは、亡くなった夫と10年以上継続して婚姻関係（事実婚含む）にあった妻だけです。妻を亡くしても、夫には支給されません。

死亡一時金と寡婦年金は併給できない

死亡一時金は、国民年金の第1号被保険者として保険料を納めた月数が36以上ある人が、年金を受け取ることなく死亡したときに、被保険者と生計同一だった親族に対して支給されます。

寡婦年金と死亡一時金は、国民年金の独自給付であり、厚生年金保険にはない給付です。また、寡婦年金と死亡一時金は、どちらか一方しか受け取ることができません。金額が多い有利な方を選択しましょう。

なお、死亡一時金を受け取る権利は2年で時効消滅します。

■寡婦年金の請求手続き

年金請求書（国民年金寡婦年金）は、市区町村役場、年金事務所、街角の年金相談センターで入手する。必要な添付書類は、次のようなものである。

- ・基礎年金番号通知書または年金手帳等の基礎年金番号を明らかにすることができる書類
- ・戸籍謄本（記載事項証明書）
- ・世帯全員の住民票の写し[※1]
- ・死亡者の住民票の除票
- ・所得証明書等の請求者の収入が確認できる書類[※1]
- ・受取先金融機関の通帳等（本人名義）
- ・年金証書[※2]

寡婦年金ココに注意

妻は再婚すると、寡婦年金をもらう権利を失う（失権）。

■死亡一時金の請求手続き

国民年金死亡一時金請求書も、市区町村役場、年金事務所、街角の年金相談センターの窓口に備え付けられている。添付書類も寡婦年金の請求とほぼ同じ。

- ・亡くなった方の基礎年金番号通知書または年金手帳等の基礎年金番号を明らかにすることができる書類
- ・戸籍謄本（記載事項証明書）または法定相続情報一覧図の写し
- ・世帯全員の住民票の写し[※1]
- ・死亡者の住民票の除票
- ・受取先金融機関の通帳等（本人名義）

※1 マイナンバーを記入することで、添付を省略できる。
※2 公的年金から年金を受けているとき。

遺族厚生年金について

65歳以降の老齢厚生年金と遺族厚生年金の併給調整は自動計算されるため、請求申請などの手続きは必要ありません。

40歳以上の子のない妻には中高齢寡婦加算がある

84ページで触れたように、遺族厚生年金は優先順位の最も高い人に支給されます。ここでは、説明を簡略化するため夫を亡くした妻の事例で話を進めます。

子がいないと1階部分に当たる遺族基礎年金はもらえないのですが、遺族厚生年金には子のない妻に対して「**中高齢寡婦加算**」と呼ばれる加算があります。この加算があるのは、妻が40歳から65歳未満である間です。中高齢寡婦加算は遺族厚生年金に自動的に加算させるため、特に手続きをする必要はありません。妻が65歳になると、中高齢寡婦加算はなくなります。

遺族厚生年金は再婚などをしない限り、生涯にわたって支給されます。しかし、65歳以降、妻には自分の老齢基礎年金、老齢厚生年金の支給が始まり、遺族厚生年金との併給の調整が行われます。

具体的には、自分の老齢厚生年金が優先的に支給され、遺族厚生年金は老齢厚生年金との差額を支給するという方法で調整が行われます。

言い換えると、自分の老齢厚生年金の支給分だけ、遺族厚生年金が減額されることになります。

また、前述のように、中高齢寡婦加算が遺族厚生年金に加算されていた場合は、原則として加算がなくなりますので注意してください。

■中高齢寡婦加算

次の①、②のいずれかに該当する場合、妻が40歳から65歳未満である間、遺族厚生年金に59万6,300円（年額：令和5年度）が加算される。

①夫が亡くなったとき、40歳以上65歳未満であり、生計を同じくしている子がいない妻
②遺族厚生年金と遺族基礎年金を受けていた子のある妻が、子が18歳到達年度の末日に達した（障害の状態にある場合は20歳に達した）等のため、遺族基礎年金を受給できなくなったとき

■65歳以降の年金の併給調整

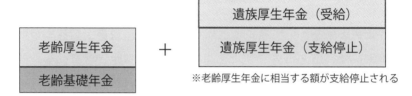

| 老齢厚生年金 |
| 老齢基礎年金 |

＋

| 遺族厚生年金（受給） |
| 遺族厚生年金（支給停止） |

※老齢厚生年金に相当する額が支給停止される

65歳以上で遺族厚生年金と老齢厚生年金を受け取る権利がある場合は、自分の老齢厚生年金が優先されて支給される。遺族厚生年金は、老齢厚生年金との差額分となる。

↓

自動計算されるため、選択する余地なし！

●子のある妻の例

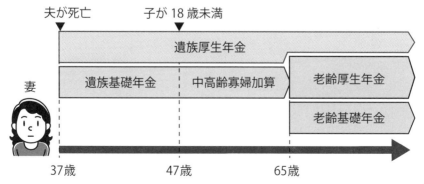

夫が死亡　　子が18歳未満

遺族厚生年金

遺族基礎年金　中高齢寡婦加算　老齢厚生年金

老齢基礎年金

妻

37歳　　47歳　　65歳

06

遺族年金を請求する

[書類]
年金請求書（国民年金遺族基礎年金）様式第108号、年金請求書（国民年金・厚生年金保険遺族給付）様式第105号

[費用] 無料

[入手先／提出先]
年金事務所
または街角の
年金相談センター

速やかに
（時効5年）

遺族基礎年金と遺族厚生年金とでは請求書が違う

　遺族基礎年金だけを請求する場合は、**年金請求書（国民年金遺族基礎年金）様式第108号**を使用します。提出先は市区町村役場の窓口になりますが、死亡日に国民年金の第3号被保険者であった場合は、年金事務所または街角の年金相談センターになります。

　遺族厚生年金を請求する場合は、**年金請求書（国民年金・厚生年金保険遺族給付）様式第105号**を年金事務所または街角の年金相談センターに提出します。添付書類は以下のものが必要になります。

- 基礎年金番号通知書または年金手帳等の基礎年金番号を明らかにすることができる書類
- 戸籍謄本（記載事項証明書）または法定相続情報一覧図の写し
- 世帯全員の住民票の写し※
- 死亡者の住民票の除票
- 請求者の収入が確認できる書類※
- 子の収入が確認できる書類※
- 市区町村長に提出した死亡診断書（死体検案書等）のコピーまたは死亡届の記載事項証明書
- 受取先金融機関の通帳等（本人名義）

※マイナンバーを記入することで、添付を省略できる。

■年金請求書（国民年金・厚生年金保険遺族給付）
様式第105号　記入例

年金請求書（国民年金・厚生年金保険遺族給付） 様式第105号

〔遺族基礎年金・特例遺族年金・遺族厚生年金〕

受付登録コード
1 7 3 1

入力処理コード
4 3 0 0 0 3

年金コード
1 4

（注）1. 請求者が2名以上のときは、そのうちの1人について、この請求書にご記入ください。
2. その他の方については、「年金請求書（国民年金・厚生年金保険遺族給付）（別紙）」（様式第106号）に記入し、この年金請求書に添えてください。

○□のなかに必要事項をご記入ください。（◆印欄には、なにも記入しないでください。）
○黒インクのボールペンでご記入ください。鉛筆や、摩擦に伴う温度変化等により消色するインクを用いたペンまたはボールペンは、使用しないでください。
○フリガナはカタカナでご記入ください。

⑧ 実施機関等

二次元コード

受付年月日

死亡した方

❶ 基礎年金番号 1 2 3 1 2 3 × × × ×

❷ 生年月日 明・大・昭・平 3 9 1 0 1 0

⑲ 氏名（フリガナ） ネンキン イチロウ
（氏）年金 （名）一郎
性別 ①男 2.女

基礎年金番号（10桁）で届出する場合は左詰めでご記入ください。

❸ 個人番号（または基礎年金番号） 4 5 6 4 5 6 × × × × ×

❹ 生年月日 明・大・昭・平・令 4 3 1 1 1 1

❺ 記録不要制度	❻ 作成原因
（厚年）（船員）（国年）（国共）（地共）（私学）	01 02

❼ 連達番号	❾ 別紙区分	❿ 船 加	⑪ 重無

⑫ 未届	⑬ 支給	⑭ 受給権者数	⑮ 長期	⑯ 基加	⑰ 沖特	⑱ 旧令

請求者

⑳ 氏名（フリガナ） ネンキン ヨシコ
（氏）年金 （名）良子
㉑ 続柄 妻
性別 1.男 ②女

㉒ 住所の郵便番号 1 6 8 0 0 7 1

㉓ 住所（フリガナ） スギナミ タカイドニシ 3-5-25
杉並 市区町村 高井戸西3丁目5番25

＊電話番号1 （090）-（7890）-（××××）　＊電話番号2 （03）-（1234）-（××××）

社会保険労務士の提出代行者欄

＊日中に連絡が取れる電話番号（携帯も可）をご記入ください。
＊予備の電話番号（携帯も可）があればご記入ください。

＊個人番号（マイナンバー）および公金受取口座については、10ページをご確認ください。

年金送金先

㉔ 年金受取機関 ※
1. 金融機関（ゆうちょ銀行を除く）
2. ゆうちょ銀行（郵便局）
□ 公金受取口座として登録済の口座を指定

＊1または2に○をつけ、希望する年金の受取口座を下欄に必ずご記入ください。
＊また、指定する口座が公金受取口座として登録済の場合は、左欄に記入してください。

（フリガナ）ネンキン ヨシコ
口座名義人（氏）年金 （名）良子

金融機関

㉕ 金融機関コード ㉖ 支店コード （フリガナ）ネンキン タカイド
銀行・金庫・信組・農協・信漁連・信連・漁協
年金 高井戸
本店・支店・本所・支所・出張所
㉗ 預金種別 普通・当座 ㉘ 口座番号（左詰めで記入）123×××

ゆうちょ銀行

㉘ 貯金通帳の口座番号
記号（左詰めで記入） 番号（右詰めで記入）

金融機関またはゆうちょ銀行の証明欄 ＊貯蓄預金口座または貯蓄貯金口座への振込みはできません。
請求者の氏名フリガナと口座名義人氏名フリガナが同じであることをご確認ください。

※通帳等の写し（金融機関名、支店名、口座名義人氏名フリガナ、口座番号の面）を添付する場合または公金受取口座を指定する場合、証明は不要です。

加算額の対象者または加給金の対象者

氏名	（フリガナ）（氏）（名）	㉙ 生年月日 平令 年 月 日	障害の状態にある・ない	◆㉙額
個人番号				
氏名	（フリガナ）（氏）（名）	㉙ 生年月日 平令 年 月 日	障害の状態にある・ない	◆㉙額
個人番号				

連絡欄

X線フィルムの送付
有・無 枚
X線フィルムの返送
年 月 日

＊3人目以降は余白等にご記入ください。

1

第3章 年金の手続き

■年金請求書（国民年金・厚生年金保険遺族給付）
様式第105号　記入例

⑦　あなたは、現在、公的年金制度等表1参照から年金を受けていますか。○で囲んでください。

1．受けている	②　受けていない	3．請求中	制度名（共済組合名等）	年金の種類

受けていると答えた方は下欄に必要事項をご記入ください。年月日は支給を受けることになった年月日をご記入ください。

公的年金制度名 （表1より記号を選択）	年金の種類	年　月　日	年金証書の年金コードまたは記号番号等
		・　・	
		・　・	
		・　・	

㉜　年金コードまたは共済組合コード・年金種別

1									
2									
3									

「年金の種類」とは、老齢または退職、障害、遺族をいいます。

㉟　他　年　金　種　別

⑦　履　歴（**死亡した方**の公的年金制度加入経過）

※できるだけ詳しく、正確にご記入ください。

	(1)事業所（船舶所有者）の名称および船員であったときはその船舶名	(2)事業所（船舶所有者）の所在地または国民年金加入時の住所	(3)勤務期間または国民年金の加入期間	(4)加入していた年金制度の種類	(5)備　考
最初		杉並区高井戸西 3-5-25	S59・10・10から S61・3・31まで	❶国民年金 2.厚生年金(船員)保険 3.厚生年金(船員)保険 4.共済組合等	
2	○○建設（株）	世田谷区○○町 1-2	S61・4・1から R5・9・30まで	1.国民年金 ❷厚生年金保険 3.厚生年金(船員)保険 4.共済組合等	
3			・・から ・・まで	1.国民年金 2.厚生年金保険 3.厚生年金(船員)保険 4.共済組合等	
4			・・から ・・まで	1.国民年金 2.厚生年金保険 3.厚生年金(船員)保険 4.共済組合等	
5			・・から ・・まで	1.国民年金 2.厚生年金保険 3.厚生年金(船員)保険 4.共済組合等	
6			・・から ・・まで	1.国民年金 2.厚生年金保険 3.厚生年金(船員)保険 4.共済組合等	
7			・・から ・・まで	1.国民年金 2.厚生年金保険 3.厚生年金(船員)保険 4.共済組合等	
8			・・から ・・まで	1.国民年金 2.厚生年金保険 3.厚生年金(船員)保険 4.共済組合等	
9			・・から ・・まで	1.国民年金 2.厚生年金保険 3.厚生年金(船員)保険 4.共済組合等	
10			・・から ・・まで	1.国民年金 2.厚生年金保険 3.厚生年金(船員)保険 4.共済組合等	
11			・・から ・・まで	1.国民年金 2.厚生年金保険 3.厚生年金(船員)保険 4.共済組合等	
12			・・から ・・まで	1.国民年金 2.厚生年金保険 3.厚生年金(船員)保険 4.共済組合等	
13			・・から ・・まで	1.国民年金 2.厚生年金保険 3.厚生年金(船員)保険 4.共済組合等	

3

■年金請求書（国民年金・厚生年金保険遺族給付）
様式第105号　記入例

⑦	(1)死亡した方の生年月日、住所	昭和39年 10月10日	住所	〒168-0071 杉並区高井戸西3-5-25

必ずご記入ください。

(2)死亡年月日	(3)死亡の原因である傷病または負傷の名称	(4)傷病または負傷の発生した日
令和×× 年 ××月 ××日	急性心不全	令和×× 年 ××月 ××日

(5)傷病または負傷の初診日	(6)死亡の原因である傷病または負傷の発生原因	(7)死亡の原因は第三者の行為によりますか。
令和×× 年 ××月 ××日		1. は い ・ 2. いいえ

(8)死亡の原因が第三者の行為により発生したものであるときは、その者の氏名および住所	氏 名	
	住 所	

(9)請求する方は、死亡した方の相続人になれますか。　　1. は い ・ 2. いいえ

(10)死亡した方は次の年金制度の被保険者、組合員または加入者となったことがありますか。あるときは番号を〇で囲んでください。

1. 国民年金法　　2. 厚生年金保険法　　3. 船員保険法（昭和61年4月以後を除く）
4. 廃止前の農林漁業団体職員共済組合法　　5. 国家公務員共済組合法　　6. 地方公務員等共済組合法
7. 私立学校教職員組合法　　8. 旧市町村職員共済組合法　　9. 地方公務員の退職年金に関する条例　　10. 恩給法

(11)死亡した方は、(10)欄に示す年金制度から年金を受けていましたか。	1. は い　2. いいえ	受けていたときは、その制度名と年金証書の基礎年金番号および年金コード等をご記入ください。	制 度 名	年金証書の基礎年金番号および年金コード等

(12)死亡の原因は業務上ですか。	(13)労災保険から給付が受けられますか。	(14)労働基準法による遺族補償が受けられますか。
1. は い ・ 2. いいえ	1. は い ・ 2. いいえ	1. は い ・ 2. いいえ

(15)遺族厚生年金を請求する方は、下の欄の質問にお答えください。いずれかを〇で囲んでください。

ア	死亡した方は、死亡の当時、厚生年金保険の被保険者でしたか。	1. は い ・ 2. いいえ
イ	死亡した方が厚生年金保険(船員保険)の被保険者もしくは共済組合の組合員の資格を喪失した後に死亡したときであって、厚生年金保険(船員保険)の被保険者または共済組合の組合員であった間に発した傷病または負傷が原因で、その初診日から5年以内に死亡したものですか。	1. は い ・ 2. いいえ
ウ	死亡した方は、死亡の当時、障害厚生年金(2級以上)または旧厚生年金保険(旧船員保険)の障害年金(2級相当以上)もしくは共済組合の障害年金(2級相当以上)を受けられましたか。	1. は い ・ 2. いいえ
エ	死亡した方は平成29年7月までに老齢厚生年金または旧厚生年金保険(旧船員保険)の老齢年金・通算老齢年金もしくは共済組合の退職給付の年金の受給権者でしたか。	1. は い ・ 2. いいえ
オ	死亡した方は保険料納付済期間、保険料免除期間および合算対象期間(死亡した方が大正15年4月1日以前生まれの場合は通算対象期間)を合算した期間が25年以上ありましたか。	1. は い ・ 2. いいえ

生 計 維 持 申 立

㉘ 生計同一関係	右の者は、死亡者と生計を同じくしていたこと、および配偶者と子が生計を同じくしていたことを申し立てる。		氏 名	続 柄
	令和×× 年 ××月 ××日	請求者	年金 良子	妻
	請求者　住所　杉並区高井戸西3-5-25			
	氏 名　年金 良子			

㉙ 収入関係	1.　この年金を請求する方は次にお答えください。	◆確認欄	◆年金事務所の確認事項
	(1) 請求者（名：良子　）について年収は、850万円未満ですか。　はい・いいえ	（　）印	ア．健保等被扶養者（第三号被保険者）
	(2) 請求者（名：　　　）について年収は、850万円未満ですか。　はい・いいえ	（　）印	イ．加算額または加給年金額対象者
	(3) 請求者（名：　　　）について年収は、850万円未満ですか。　はい・いいえ	（　）印	ウ．国民年金保険料免除世帯
	2.　上記1で「いいえ」と答えた方のうち、その方の収入がこの年金の受給権発生当時おおむね5年以内に850万円未満となる見込みがありますか。　はい・いいえ		エ．義務教育終了前
			オ．高等学校在学中
			カ．源泉徴収票・非課税証明等

令和　×× 年　××月　×× 日 提出

通勤途中で死亡した場合

[書類]
遺族補償年金・複数事業労働者遺族年金
支給請求書（様式第12号）または遺族年金支
給請求書（様式第16号の8）

[費用] 無料

[提出先]

所轄労働基準
監督署

速やかに
（時効5年）

仕事中・通勤途中の事故には労災の補償がある

　労働者災害補償保険（以下、労災保険）は、仕事中や通勤途中で事故に遭い、ケガや障害、死亡した場合に保険給付が行われる制度です。略して"労災（ろうさい）"と呼ばれます。

　労災保険は、原則として1人でも労働者を使用する事業所は、業種の規模の如何にかかわらず、すべてに適用されます。正社員に限らず、アルバイトやパートタイマーも労災保険における労働者になります。万一の事故のときも補償を受けられます。

労災の手続きは会社の義務

　労災保険では、仕事（通勤）中の死亡事故の場合、遺族に対して**遺族（補償）等年金**を支給します。遺族（補償）年金を受け取れる遺族は、死亡した人の配偶者、子、父母、孫、祖父母、兄弟姉妹であり、死亡当時その収入によって生計を維持されていた人に限られます。

　該当する遺族がいない場合には、**遺族（補償）等一時金**を支給することとされています。

　請求手続きは勤務先が行います。もしも会社が動いてくれないときは、所轄の労働基準監督署に相談するようにしましょう。

■遺族（補償）等年金
●受給資格者

死亡した労働者の収入によって収入を維持していた

①配偶者	妻：年齢要件・障害要件不要 夫：60歳以上か一定障害にある
②子	18歳に達する日以後の最初の３月31日までの間にあるか、一定障害にある
③父母	60歳以上であるか、一定障害にある
④孫	18歳に達する日以後の最初の３月31日までの間にあるか、一定障害にある
⑤祖父母	60歳以上であるか、一定障害にある
⑥兄弟姉妹	18歳に達する日以後の最初の３月31日までの間にあるか、60歳以上または一定障害にある
⑦夫	55歳以上60歳未満である
⑧父母	55歳以上60歳未満である
⑨祖父母	55歳以上60歳未満である
⑩兄弟姉妹	55歳以上60歳未満である

↓

受給資格者のうち最先順位の人が受給権者となる

■遺族厚生年金との調整

労災保険の年金と社会保険（厚生年金）の年金は両方受け取ることが可能だが、調整（減額）が行われる。

遺族厚生年金は全額受け取れるが、労災の遺族（補償）等年金は調整されるため、全額を受け取ることはできない。

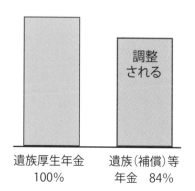

遺族厚生年金
100%

遺族（補償）等
年金　84%

調整
される

【コラム】
児童扶養手当

●ひとり親家庭が受けられる

　児童扶養手当は、父母の離婚などによって、父または母と生計を同じくしていない児童が育成される家庭（ひとり親）の生活の安定と自立の促進に寄与し、児童の福祉の増進を図ることを目的として支給される手当です。

　住まいのある市区町村窓口で請求の手続きをします。また、児童扶養手当には所得制限があり、毎年8月に「現況届」の提出が必要です。支給額（月額）は以下のとおり。

（令和6年4月分から）

児童数	全額支給	一部支給
児童1人のとき	45,500円	45,490円から10,740円
児童2人のとき	10,750円を加算	10,740円から5,380円を加算
児童3人以上のとき	3.人目以降1人につき6,450円を加算	6,440円から3,230円を加算

　年6回（11月、1月、3月、5月、7月、9月）各支払月の11日に振り込まれます。

18歳に達する日以後の最初の3月31日まで支給される。

4章

相続の手続き

01 相続人の範囲と法定相続分

[書類]
戸籍謄本（除籍謄本、改製原戸籍謄本等を含む）

[費用] 1,950円〜

[入手先]

故人の本籍地の市区町村役場

速やかに

相続人になれるのは誰？

　亡くなった人に配偶者※（夫、妻）がいる場合は、配偶者は次の順位の人と共に相続人となります。

第1順位：子や孫等の直系卑属
第2順位：親や祖父母等の直系尊属
第3順位：兄弟姉妹

　原則として、順位が上の人がいる場合は、下の順位の人は相続人になりません。第3順位の兄弟姉妹が亡くなっている場合はその子（甥・姪）までが相続人となります。

法定相続分は民法で決められている

　法定相続分は法律（民法）で定められた相続割合です。配偶者ありで、

①直系卑属（子、孫）がいる場合はそれぞれ2分の1ずつ
②直系尊属（親、祖父母）がいる場合は配偶者3分の2、直系尊属3分の1
③兄弟姉妹がいる場合は配偶者4分の3、兄弟姉妹4分の1の割合

です。配偶者がいない場合は、第1順位、第2順位、第3順位の順番でいずれかの人がすべてを相続します。

※ただし、配偶者は婚姻をしていなければならず、内縁等の場合は相続人になれない。

■相続人を確定するための書類

死亡した人の出生から死亡までの戸籍謄本（除籍謄本、改製原戸籍謄本等を含む）

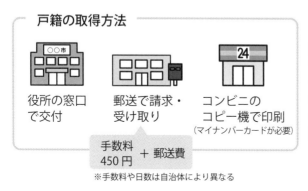

戸籍の取得方法

役所の窓口で交付

郵送で請求・受け取り

コンビニのコピー機で印刷（マイナンバーカードが必要）

手数料450円 ＋ 郵送費
※手数料や日数は自治体により異なる

遠隔地の場合、郵送で戸籍謄本を取り寄せることができる。各自治体に問い合わせて、申請方法を確認すること。

■法定相続人の範囲と優先順位

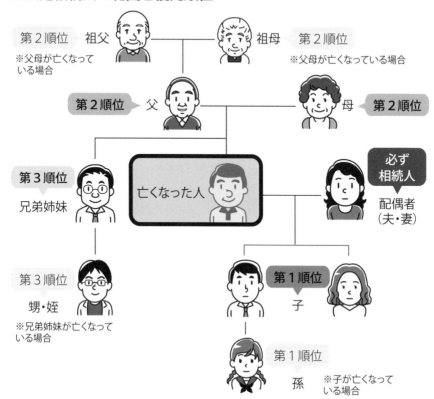

第2順位　祖父
※父母が亡くなっている場合

祖母　第2順位
※父母が亡くなっている場合

第2順位　父

母　第2順位

第3順位　兄弟姉妹

亡くなった人

必ず相続人　配偶者（夫・妻）

第3順位　甥・姪
※兄弟姉妹が亡くなっている場合

第1順位　子

第1順位　孫　※子が亡くなっている場合

02 | 想定外の相続人が 見つかったら、どうする？

[書類]
戸籍謄本（除籍謄本、改製原戸籍謄本等を含む）

[費用] 1,950円〜

[入手先]

故人の本籍地の
市区町村役場

速やかに

戸籍の調査は専門家に任せることもできる

　相続人が誰なのかは、亡くなった人の出生から亡くなるまでのすべての戸籍を本籍のある市区町村役場で請求して調べることで判明します。また、相続人が亡くなっている場合には、さらにその相続人の戸籍も請求して調査しなければなりません。

　しかし、戸籍を初めて見る人にとっては難しいことかもしれません。そんなときは、弁護士等の専門家に戸籍の調査を依頼しましょう。戸籍の請求から全部を任せることができます。

想定外の相続人と連絡を取るには

　戸籍を調べてみると、亡くなった人には前配偶者との間に子がいた場合など、想定外の相続人が見つかることがあります。その場合には、たとえその子と亡くなった人が長い間、連絡を取っていなかったとしても法律上相続人であることに変わりはありません。

　その相続人に連絡を取らないといけませんが、住所がわからないときは、弁護士等の専門家に依頼すれば職権で住所を調べてもらうことができます。

■想定外の相続人

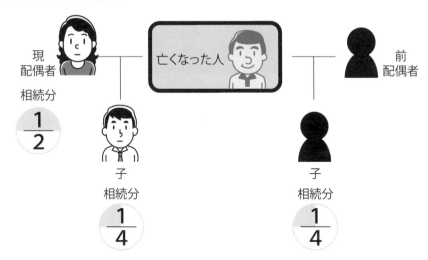

■他の相続人の住所を調べる方法

①亡くなった人の戸籍を調べる

②他の相続人の戸籍を調べる

③他の相続人の現在の本籍地の市区町村役場で戸籍の附票を請求する

※戸籍の附票とは、その戸籍が作成されてから現在に至るまでの住所が記録されている書面。

■戸籍の附票の請求権者

・本人

・配偶者

・直系血族（祖父母・父母・子・孫等）

・上記の人から委任を受けた者（委任状が必要）

・特定事務受任者（弁護士、司法書士、土地家屋調査士、税理士、社会保険労務士、弁理士、海事代理士、行政書士）

　　　　　　　　　　　　　　　　　※無条件に請求できるわけではない。

・その他、第三者でも請求できる場合がある

　　　　　　　　※詳しくは請求する市区町村役場のHPで確認すること。

101

遺言書があるときの手続きの進め方

［書類］
申立書、遺言書、
戸籍謄本等

［費用］800円〜

［提出先］
遺言者の最後の
住所地の家庭裁判所
（一部の遺言書のみ）

遺言者の死亡を
知った後
遅滞なく

遺言は法定相続分に優先する

　遺言とは、亡くなった人が自分の財産（負債を含む）について、死後どのように分配するかを指定したものであり（相続人になる人以外にも分配できます）、法律で定められた手続きに従って作成された遺言書の内容は法定相続分に優先します。

　法律で定められた遺言書にはいくつかの種類があり、一部の遺言書は家庭裁判所で開封しなければならない場合（検認手続）がありますので、注意しましょう。

遺言書があるときの対応は？

　遺言書があるときは、原則としてその内容に沿って亡くなった人の財産を分配していきます。また、遺言書で遺言執行者（遺言で定められた内容を実現する者）が指定されているときは遺言執行者に任せて遺言を執行します。

　ただし、相続人全員および遺言で財産をもらう人が合意して、さらに遺言執行者がいるときは、遺言執行者の同意を得れば遺言の内容と異なる遺産分割協議（110ページ参照）をすることができます（遺言で遺産分割協議が禁止されている場合はできません）。

■遺言書の種類

遺言書の種類	検認手続の要否
公正証書遺言	不要
自筆証書遺言 （法務局に保管あり）	不要
自筆証書遺言 （法務局に保管なし）	必要
秘密証書遺言	必要

■遺言書の検認の流れ

①検認の申立てをすると、裁判所から検認期日（検認を行う日）の通知がある。

遺言書を発見した相続人は、遺言書を家庭裁判所に提出し、検認を請求する（申立てる）。

②検認期日に出席した相続人等の立ち会いのもと、裁判官が遺言書を開封し、遺言書を検認する。

申立人は、遺言書、申立人の印鑑、そのほか担当者から指示されたものを持参する。

③検認が終わると、遺言の執行をするために遺言書に検認済証明書が付いていることが必要となるので、検認済証明書※の申請をする。

※遺言書1通につき150円分の収入印紙と申立人の印鑑が必要。

04 遺留分って何？

遺言書の内容は自由に書くことができますが、一定の制約はあります。それは遺留分というものです。

遺言書より遺留分が優先される

　遺留分（いりゅうぶん）とは、一定の相続人に対して最低限保証されている相続分です。これは、遺言によって自己の遺留分を侵害された相続人を救済する制度です。

　例えば、父が亡くなり相続人が子A、Bの2人である場合に、父が生前、唯一の財産である不動産をAにすべて譲る旨の遺言をしていたときは、Bは自己の遺留分に相当する金額をAに請求できます（**遺留分侵害額請求**）。

　ただし、あくまでも権利ですのでBは父の意思を尊重して請求しないという選択もできます。また、遺留分を侵害する遺言も無効というわけではなく、不動産はAのものになり、Bは金銭を請求できるに過ぎません。

遺留分を有する相続人と遺留分の割合

　遺留分を有するのは配偶者、子などの直系卑属、親などの直系尊属です。兄弟姉妹には遺留分がありません。

遺留分割合

基本…法定相続分の2分の1

親などの直系尊属のみが相続人になる場合…法定相続分の3分の1

■法定相続分と遺留分割合

①配偶者と子がいる場合

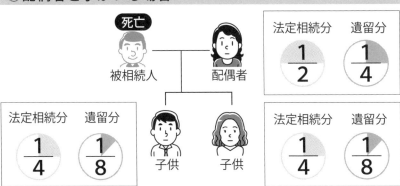

②配偶者と直系尊属がいる場合

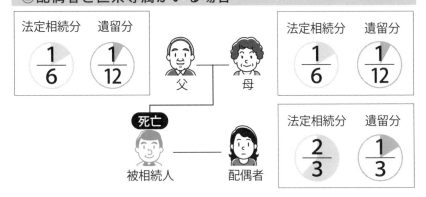

③直系尊属のみの場合

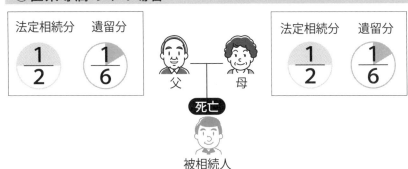

05 借金などがある場合の相続放棄と限定承認

[書類]
申述書、戸籍関係書類など

[費用] 800円～

[提出先]

亡くなった人の
最後の住所地を
管轄する家庭裁判所

原則
相続が開始した
ことを知ったとき
から3カ月以内

相続放棄・限定承認の期限は3カ月以内

　亡くなった人の財産・債務について相続人には3つの選択肢があります。

> 単純承認：亡くなった人の財産・債務をすべて引き継ぐ
> 相続放棄：亡くなった人の財産・債務を一切引き継がない
> 限定承認：相続によって得た財産の限度で債務を引き継ぐ

　相続放棄と**限定承認**は、原則として相続が開始し、自身が法律上相続人となった事実を知ったときから**3カ月以内**に、亡くなった人の最後の住所地を管轄する家庭裁判所に申述をしなければいけません。例外として、相続財産がまったくないと信じ、信じたことに相当の理由があるとき、相続財産の調査をしても承認か放棄かを判断する資料が得られないときは期間を延長してもらうことができます。

　相続放棄、限定承認を考えていても、上記の期間内に家庭裁判所に申述をしなければ、**単純承認**したものとみなされます。また、相続人が財産を一部でも処分してしまったとき、相続人が相続財産を意図的に隠したなどの事情があれば相続放棄、限定承認ができなくなるので注意しましょう。

■申述期間

① 第1順位の相続人

相続発生

3カ月	

自身が相続人だと知ったとき

> 例えば
> 親が亡くなり子が相続人で、病院で最期をみとった場合
> 亡くなった日＝「自身が相続人だと知った日」が起算点となる

② 第2、第3順位の相続人

相続発生

	3カ月

第1順位の相続人が相続放棄　　自身が相続人だと知ったとき

※第2、第3順位の相続人は、先順位の相続人が相続放棄をした
ことで自身が法定相続人になったことを知った日が起算点。

例外：相続財産・債務がないと信じていたとき

相続発生

3カ月		3カ月

　　自身が相続人だと知ったとき　　借金があることが発覚

※相続財産がないと信じたことについて相当の理由がある場合に限る。

親の借金が多いときは相続放棄する

　①相続放棄をした人は最初から相続人ではなかったことになります。また、放棄した人に子や孫がいても、子や孫が相続人になることはありません。②相続財産が債務のみである場合や、債務の額が財産の額を超えるときは相続放棄を選択肢として考えてみましょう。

　相続放棄が受理されると、裁判所から**相続放棄申述受理証明書**が発行されます。これは債権者に対して相続放棄した事実を証明する大切な書類です。

限定承認をした後に清算手続きを行う

　限定承認は相続人全員が共同でしなければなりません。ただし、相続放棄をした人は相続人ではなかったことになりますので、その人を除いた相続人全員となります。

■相続放棄、限定承認の関係者

・子①が相続放棄をした場合、孫は相続人にはならない。
・子②および子③の法定相続分が2分の1ずつとなる。
・子①が相続放棄をした後に限定承認をする場合は、子②と子③の2人で申述する。

限定承認の申述が受理されると、相続財産の清算手続き（引き継いだ財産の範囲内で同じく引き継いだ債務を弁済すること）を行います。

　詳しくは、裁判所webサイト（https://www.courts.go.jp）で説明しています。標準的な申立添付書類等や費用等についても案内していますので確認してみてください。

●申述に必要な書類

相続放棄	限定承認
①申述書 ②標準的な申立添付書類※	①申述書 ②標準的な申立添付書類※
共通して（すべての事案で）必要となるもの	共通して（すべての事案で）必要となるもの
1.被相続人の住民票除票または戸籍附票 2.申述人（放棄する人）の戸籍謄本	1.被相続人の出生時から死亡時までのすべての戸籍（除籍、改製原戸籍）謄本 2.被相続人の住民票除票または戸籍附票 3.申述人全員の戸籍謄本 4.被相続人の子（およびその代襲者）で死亡している人がいる場合、その子（およびその代襲者）の出生時から死亡時までのすべての戸籍（除籍、改製原戸籍）謄本

●申述に必要な費用

・収入印紙800円分

・連絡用の郵便切手

※必要な添付書類は、相続人の状況により異なるため裁判所webサイト（https://www.courts.go.jp）で確認すること。

06 遺産分割協議でできること

遺産分割協議については、いつまでという期限はありませんが、相続税の申告・納付の期限である10カ月以内に行いましょう。

遺産分割協議は相続人全員で行う必要あり

遺産分割協議とは、遺産（亡くなった人の債務を含む財産）をどのように分けるのか相続人全員で協議して決めることをいいます。

協議するといっても、相続人全員が一堂に会して話し合わなければならないわけではありません。遺産の分け方について全員が納得していれば電話でもメールでも遺産分割協議は成立します。

後でトラブルにならないように、協議の結果は書面（**遺産分割協議書**）にして残しておきましょう。

遺産分割協議をするメリット

遺産分割協議では遺産の分配方法を自由に決めることができます。遺産が預貯金の場合は法定相続分でも簡単に分けられますが、不動産の場合は相続人全員で**共有**（共同所有）になります。

全員がその不動産に住んでいればいいのですが、住んでおらず、また売却予定もないのであれば相続しても困ります。

このような場合に、遺産分割協議をして、住んでいない相続人には不動産の代わりに預貯金を多く相続させることもできます。

また、相続人の1人が不動産をすべて取得し、その代わりとして他の相続人に自己資金から現金を支払う（代償分割）など、残された遺産の状況によって、柔軟な対応をとることができるのが遺産分割協議のメリットといえるでしょう。

■遺産分割協議の例

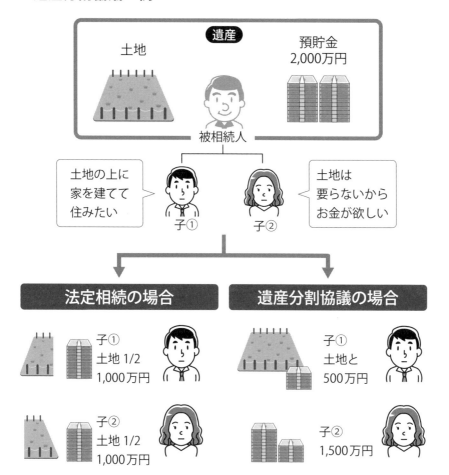

■遺産分割協議でもめないために

　遺産分割協議でもめることは少なくない。そうならないためには、亡くなる前に遺言を残しておくことが重要。また、遺言が有効かどうかの争いを回避するために、第三者の前で遺言の内容を確認する公正証書遺言（103ページ参照）がおすすめ。

遺産分割協議書は相続人1人につき1通

　前述のように、遺産分割協議の結果は後々のトラブルを防ぐために必ず書面（**遺産分割協議書**）にして残しておくべきです。

　また、不動産を取得した相続人が名義変更の登記を申請する際や、預貯金の相続手続きなど多くの場面で遺産分割協議書が要求されます。書面の作成は義務ではないのですが、あると便利な場面が多いです。

　遺産分割協議書は全員分の通数を作成し、各書面に全員の署名、実印での押印をして、それぞれの印鑑登録証明書とともに各自で保管します。

相続財産の名義変更等の手続きにおいて、遺産分割協議書が必要になることが多い。

遺産分割協議書の作成方法

　遺産分割協議書には
・亡くなった人が特定できる事項（死亡日、本籍など）
・相続人全員で協議したこと
・協議の内容
・協議が成立した日付
　などを記載して相続人全員が署名押印をします。

　協議の内容は、どの財産を誰が相続するのかきちんと特定できるように記載します。例えば、預貯金であれば「預貯金全部」ではなく「○○銀行○○支店　普通預金　口座番号○○○○○○」まで記載する必要があります。不動産の場合は、法務局で取得する**登記事項証明書（登記簿謄本）**を参考にして記載します。

　なお、遺産分割協議書には、特に決められた形式はないため、手書きでもパソコンを使って作成しても構いません。

■遺産分割協議書の例

遺 産 分 割 協 議 書

被 相 続 人
     （昭和30年 1 月 2 日出生）
死 亡 日　令和 6 年 3 月 4 日
最 後 の 本 籍　東京都 中央区日本橋5番地6
最 後 の 住 所　東京都 千代田区千代田7丁目8番9号

　上記被相続人の遺産について、共同相続人間において遺産の分割について協議をした結果、次のとおり決定した。

　1．次の不動産については、甲野一郎が取得する。

      所　　在　　　　東京都 千代田区千代田7丁目
      地　　番　　　　8番9
      地　　目　　　　宅地
      地　　積　　　　100.00㎡

　2．次の遺産については、甲野花子が取得する。

　（1）預貯金
  　東京 銀行日本橋支店
    普通預金　口座番号：0012345

　以上のとおり、相続人甲野一郎、甲野花子 による遺産分割協議が成立したので、これを証するため本書面2通を作成して、それぞれに署名捺印し、各自1通を保有するものとする。

令和 6 年 5 月 5 日

  相続人　住所

    氏名＿＿＿＿＿＿ 甲野一郎 ＿＿＿＿＿

  相続人　住所

    氏名＿＿＿＿＿＿ 甲野花子 ＿＿＿＿＿

特別な貢献をした人への寄与分と特別受益の持ち戻し

相続開始から10年経過すると、寄与分・特別受益の主張はできなくなります。

寄与分の主張は遺産分割協議の場で行う

寄与分とは、亡くなった人の財産の維持や増加に特別の貢献をしてきた相続人に対し、その相続分を増加させる制度です。

ただし、寄与分が認められるためには一定の要件を満たす必要があります。

寄与分の主張は、遺産分割協議で他の相続人の合意を得る形で行います。合意が得られないときは、**遺産分割調停**、**遺産分割審判**で主張することになります（118ページ参照）。

特別の寄与をした際はどのような貢献をしたか、金銭の援助であれば領収書などの根拠資料を残しておきましょう。

特別受益の持ち戻し

特別受益とは、一部の相続人が亡くなった人から生前または遺言等で受けた特別の利益のことです。そして、特別受益の価格を遺産と合算した（**持ち戻し**といいます）上で、各相続人の相続分を算定します。これにより相続人間の公平を図ることができます。

特別受益も寄与分と同じく遺産分割協議等の場で主張します。また、2023（令和5）年施行の民法改正で前述した寄与分とともに、期間の制限が設けられることになり、相続が開始した時（亡くなった時）から10年以内に請求する必要があります。10年を経過した場合は、主張できなくなりますので、気を付けましょう。

■寄与分が認められるための要件

①亡くなった人の財産が維持・増加していること
②特別の寄与をしたこと

　　　　　※病院に付き添うなど通常の世話をしただけでは足りない。

③特別の寄与に対して対価を得ていないこと
④特別の寄与が一定期間続いていること

■特別寄与料の支払い請求

　相続人でなければ寄与分の請求はできないが、民法改正により、相続人以外の親族（亡くなった人の子の配偶者など）もその寄与に応じた額の金銭の支払いを請求できるようになった。ただし、この支払い請求は特別の寄与をした人が、相続の開始および相続人を知った時から6カ月以内に請求しなければならない。

■特別受益の持ち戻しの例

被相続人

【遺産】
預貯金
1,000万円

生前に住宅購入資金として贈与（500万円）を受けた

子① 　　子②

持ち戻しをすると…
遺産1,000万円＋特別受益500万円＝1,500万円

1,500万円 ×
法定相続分（2分の1）
子① ＝750万円

1,500万円 ×
法定相続分（2分の1）
子② －500万円＝250万円

※遺言書に持ち戻しをしない旨の記載があるときは持ち戻しができない。また婚姻期間20年以上の夫婦の一方に対して居住用の建物または敷地を贈与・遺贈した場合は、持ち戻し免除の意思表示があったものと推定される。

08 相続人に未成年者や認知症の人がいる場合の対応

未成年者や認知症の人は、遺産分割協議などの法律行為を単独では行うことができません。

未成年者には特別代理人を申立てる

　民法改正（令和4年4月1日施行）により、成年年齢が20歳から18歳に引き下げられました。現在は、18歳未満が未成年者ということになるわけですが、未成年者であっても相続人になり、財産を承継できます。ただし、未成年者は遺産分割協議などの法律行為を単独で行うことはできません。このような場合は原則として親が代理人となります。

　しかし、親と未成年の子が相続人であるときは、親と子の利害が対立（利益相反）することになります。そこで子については家庭裁判所で**特別代理人**を選任してもらい、その代理人と親で遺産分割協議をします。未成年の子が複数いる場合は、その子ごとに特別代理人を選任する必要があります。

認知症の人には成年後見制度を利用する

　認知症により判断能力が不十分な状態にある人は遺産分割協議などの法律行為ができません。その場合は、家庭裁判所が選任する**成年後見人**が代わりに遺産分割協議に参加します。もし成年後見人がいない場合はまず、その選任の申立てをしなければなりません。

　ただし、成年後見人は上記の特別代理人とは違い、遺産分割協議のためだけに選任されるのではなく認知症の人が生存している間、または判断能力が回復したと家庭裁判所が判断し、成年後見を終了するまで続くことに注意が必要です。

■相続人に未成年者が複数人いる場合

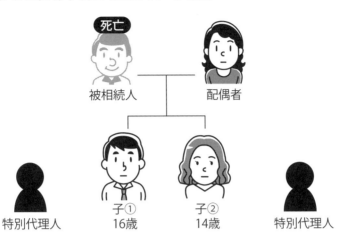

被相続人　　　　配偶者

特別代理人　　　子①　　　子②　　　特別代理人
　　　　　　　　16歳　　　14歳

家庭裁判所

特別代理人の選任は、未成年者の住所地を管轄する家庭裁判所に申立てをする

配偶者と子①、子②で遺産分割協議をする場合、子①、子②についてそれぞれ特別代理人の選任の申立てをしなければならない。

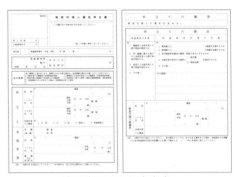

特別代理人選任申立書

■相続人に認知症の人がいる場合の注意点

認知症の診断を受けたとしてもそれが軽度であり、判断能力があると認められれば、成年後見人の選任をすることなく遺産分割協議に参加できる可能性がある。判断能力がある旨の医師の診断書をもらい、弁護士等の専門家に相談した上で、慎重に相続手続きを進めて行く。

遺産分割協議がまとまらない 場合の調停・審判

［書類］
戸籍関係書類等（右記参照）

［提出先］
相手方の住所地の
家庭裁判所等
（調停の申立て）

［費用］収入印紙代（1,200円〜）、切手代、
弁護士報酬など

家庭裁判所に調停を申立てる

遺産分割協議は相続人全員が合意した場合にのみ成立します。1人でも協議の内容に合意していなければ成立しません。

しかし、他の相続人に連絡をしても無視されている等、実質的に遺産分割協議ができない場合もあります。そのような場合は、家庭裁判所に**遺産分割調停**の申立てをする方法があります。

調停委員という中立公平な第三者が間に入って事情を聞き、解決案の提案をすることで相続人が冷静に判断でき、遺産分割が円満に成立するよう助けてもらえます。連絡を無視していた相続人も家庭裁判所から呼び出し状が届けば遺産分割調停に応じる可能性があります。

調停から審判へ自動的に移行

遺産分割調停でも話し合いがまとまらない、または調停の呼び出しに応じなかった相続人がいる場合は、**遺産分割審判**に自動的に移行します。調停の申立てをせずに審判の申立てをすることも可能ですが多くの場合、家庭裁判所の職権により、調停に回されることが多いです。

調停と違うのは、審判の場合は相続人全員の合意がなくても家庭裁判所が最終的に遺産分割の方法を指定する点です。

■遺産分割調停の申立ての必要書類

①被相続人の出生から死亡までの戸籍謄本
（除籍謄本、改製原戸籍謄本等を含む）

②相続人全員の戸籍謄抄本及び住民票（発行後3カ月以内）

③被相続人の住民票除票または戸籍の附票

④預貯金の通帳や不動産の登記簿謄本等、遺産に関する書類

⑤その他家庭裁判所所定の申立書、当事者目録、遺産目録等

※相続関係によって必要書類が異なるため管轄の家庭裁判所に要確認。

■遺産分割協議から審判までの流れ

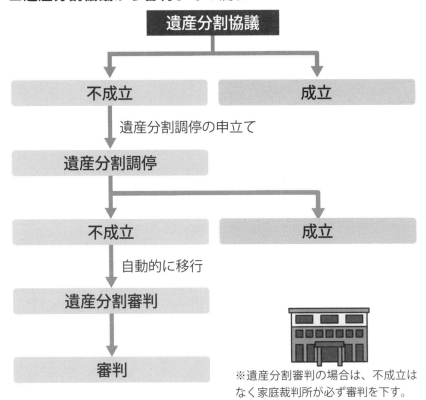

※遺産分割審判の場合は、不成立はなく家庭裁判所が必ず審判を下す。

10 利用すると便利な 法定相続情報証明制度

［書類］ 戸籍関係書類等（本文参照）	［申出先］ 亡くなった人の本籍地、最後の住所地、亡くなった人名義の不動産の所在地、申出人の住所地のいずれかを管轄する法務局
［費用］無料	

法定相続情報証明制度を利用しよう

　亡くなった人の出生から死亡までの戸籍や相続人の戸籍等は金融機関や法務局などいろいろな場面で提出を求められます。すぐに返却してもらえるならいいのですが、基本的には提出した後、戸籍を確認するため約1～2週間の審査後に返却されます。そうなると、提出する窓口が多ければ多いほど時間がかかります。

　このような問題を解消するために、2017（平成29）年5月29日から**法定相続情報証明制度**が始まりました。この制度は、管轄の法務局に戸籍や相続関係を一覧にした図（**法定相続情報一覧図**）を提出すれば、法務局の登記官の認証文が付与された一覧図の写しが交付されます。法定相続情報一覧図の写しは、戸籍等の代わりとなり、かつ複数通請求できるため、各窓口に対して同時に提出することが可能です。

　相続手続きで提出する窓口が多いことが予想されるときは、法定相続情報証明制度を利用するとよいでしょう。

　法定相続情報証明制度の手続きで必要となる書類は、所定の申出書と一覧図、亡くなった人の出生から死亡までの戸籍謄本（除籍謄本、改製原戸籍謄本等を含む）、住民票の除票、相続人の戸籍、申出人（申請する人）の氏名・住所が確認できる公的書類（住民票等）です。

また、場合によっては他の書類が必要となりますので、法務局で確認しましょう。

■法定相続情報一覧図（見本）

最後の住所は、住民票の除票（又は戸籍の附票）により確認して記載する。
（最後の本籍の記載は、申出人の任意であるが、住民票の除票等が市区町村において廃棄されている場合は、被相続人の最後の住所の記載に代えて最後の本籍を必ず記載する。）

被相続人　　甲野太郎　　法定相続情報

最後の住所
東京都千代田区千代田7丁目8番9号

被相続人の氏名を記載する。

最後の本籍
東京都中央区日本橋8丁目9番10号

出生　昭和30年 1 月 2 日
死亡　令和 5 年 3 月 4 日
（被相続人）
　甲 野 太 郎

相続人の住所の記載は任意。
記載する場合は、住民票の写し等にあるとおり記載するとともに、その住民票の写し等を提出する必要がある。記載しない場合は、「住所」の項目を削除する。

住所　東京都千代田区千代田
　　　8丁目9番10号
出生　昭和55年 1 月 4 日
（長男）
　甲 野 一 郎　（申出人）

住所　東京都千代田区千代田
　　　8丁目9番11号
出生　昭和58年 1 月 5 日
（次男）
　甲 野 二 郎

住所　東京都千代田区千代田
　　　7丁目8番9号
出生　昭和30年 6 月 7 日
（妻）
　甲 野 花 子

以下余白

申出人となる相続人には、「（申出人）」と併記する。

・A 4 縦の用紙を使用
・下から約 5 cmの範囲には記載をしない
・長期保存できる丈夫な紙を使用
・文字はパソコン入力するか、黒色ボールペン等で楷書ではっきり書く

作成日：令和 6 年 5 月5 日
作成者：東京都千代田区千代田
氏名　　8丁目9番10号
　　甲 野 一 郎

作成者は作成した日を記載し、自身の住所を記載の上、記名する。

※法定相続情報は、遺言や遺産分割協議の結果等は反映されないので、相続手続きのそれぞれの窓口に提出する必要がある。

11 相続登記の義務化について

[書類]
登記申請書など（本文参照）

[費用] 必要書類の取得費、登録免許税、司法書士報酬など

[提出先]

相続した不動産の所在地を管轄する法務局

不動産を取得したことを知った日から３年以内
（令和６年４月１日から）

相続登記の義務化

　近年、社会問題になっている所有者不明土地や**空き家問題**（126ページ参照）を解消するため、2024（令和６）年４月１日から**相続登記**が義務化されることになりました。

　現在住んでいる家を亡くなった親から引き継いだけれども相続登記をしていないなど、心当たりのある人は、法務局で家の登記事項証明書（登記簿謄本）を調べてみたほうがいいでしょう。

　相続登記は、相続によって不動産を取得したことを知った日から**３年以内**に登記の申請をしなければならないことになります。

　この相続登記の義務化は2024（令和６）年４月１日より前に発生した過去の相続についてもさかのぼって適用されます。この場合は2024（令和６）年４月１日または不動産を取得したことを知った日のいずれか遅い日から３年以内に相続登記の申請をしなければなりません。

　遺産分割協議が長期化し、３年を超えることが予想されるときは、一部の相続人から「相続が発生したこと」および「自身が相続人であること」を届け出ることによって申請義務を果たしたことになります。

　正当な理由がないにもかかわらず登記の申請をしなかった場合には、**10万円以下の過料**を科されることがあります。

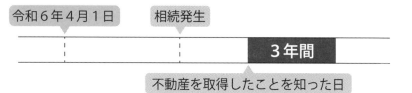

令和6年4月1日以降に相続が発生した場合の申請義務

令和6年4月1日　　相続発生

3年間

不動産を取得したことを知った日

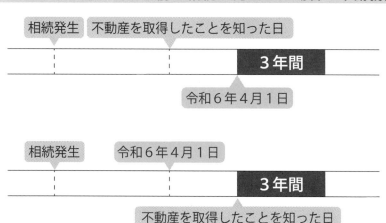

令和6年4月1日より前に相続が発生した場合の申請義務

相続発生　不動産を取得したことを知った日

3年間

令和6年4月1日

相続発生　　令和6年4月1日

3年間

不動産を取得したことを知った日

■住所・氏名変更登記も義務化

　2026（令和8）年4月1日から、不動産の所有者が住所や氏名を変更した場合は2年以内にその登記をしなければならなくなる。2026（令和8）年4月1日以前に住所・氏名変更していた場合も登記が必要である。

12 配偶者居住権で配偶者の住居が確保できる

[書類]
遺言書（または遺産分割協議書）、登記識別情報、固定資産評価証明書、印鑑登録証明書など

[費用] 登録免許税等（案件による）

[提出先]

不動産の所在地を管轄する法務局

配偶者居住権とはどんな権利？

配偶者居住権とは、亡くなった人が建物を所有していた場合に、残された配偶者が亡くなるまで、または一定期間、無償でその配偶者が居住することができる権利です。

配偶者居住権が成立するための要件

①法律上の夫婦であること。　　　※内縁の夫婦は含まれません。
②亡くなった人が所有していた建物に、亡くなったときに配偶者が居住していたこと。
③遺産分割協議、遺贈、死因贈与、家庭裁判所の審判のいずれかにより配偶者居住権を取得したこと。

以上の要件をすべて満たしている場合に、配偶者居住権が成立します。配偶者居住権が成立した場合には居住していた建物を取得した相続人等と協力して配偶者居住権の登記をしましょう。

また、遺産分割協議が成立するまで、または建物の所有者が亡くなってから6カ月間は無償で建物に住むことができる配偶者短期居住権もあります。　　　　　　　　　　※配偶者短期居住権は登記できません。

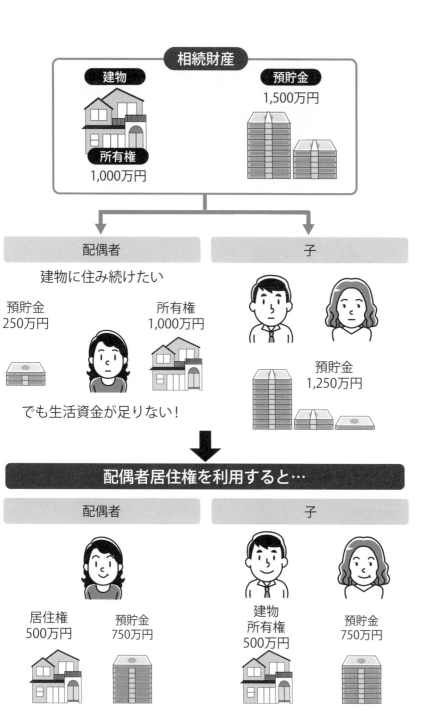

相続財産

建物

所有権
1,000万円

預貯金
1,500万円

配偶者

建物に住み続けたい

預貯金
250万円

所有権
1,000万円

でも生活資金が足りない！

子

預貯金
1,250万円

配偶者居住権を利用すると…

配偶者

居住権
500万円

預貯金
750万円

子

建物
所有権
500万円

預貯金
750万円

13 相続と所有者不明土地・空き家問題の関係

2023（令和5）年4月27日から、相続した土地を国が引き取る制度である相続土地国庫帰属制度がスタートしました。

所有者と連絡が取れない…

　土地・建物の場所や面積、所有者（持ち主）の住所・氏名などは公の帳簿（**登記簿**）に記載され、誰でも見られるようにすることによって取引の安全と円滑を図っています。

　また、国や地方公共団体が公共事業などをする際や空き家が今にも崩れそうになっており、すぐに所有者に対策を取ってもらいたいときに、登記簿を見て所有者と連絡を取ります。

　しかし土地・建物の**相続登記**をせずに放置してしまった、登記簿上の住所から引っ越したにもかかわらずその登記をしなかったなどの結果、登記簿によって現在の所有者がわからない、連絡が取れないなどの問題が発生しています。

相続した要らない土地は国が引き取ってくれる

　このような問題を解消するために、前述した相続登記の義務化（122ページ参照）、住所・氏名の変更登記の義務化（123ページ参照）がされることに加えて、土地を相続した人が今後使用する予定がなく管理もできないような土地について、法務大臣の承認を得て、その土地を国庫に帰属させることを可能とする**相続土地国庫帰属制度**などが創設されました。相続土地国庫帰属制度は、2023（令和5）年4月27日からスタートしています。土地を手放したいと考えている人は、弁護士や司法書士などの専門家に相談してみましょう。

■相続土地国庫帰属制度（令和5年4月27日施行）

●申請できる人

相続や遺言によって土地を取得した人

※売買などによって土地を取得した人や法人は申請できない。

●費用

審査手数料および負担金（10年分の土地管理費相当額）

●帰属させることができない土地

土地の上に建物がある場合や担保権などの権利が設定されている土地のほか、通常の管理または処分をするにあたって過大な費用や労力が必要となる土地は対象外となる。

参考

登記事項証明書（登記簿謄本）

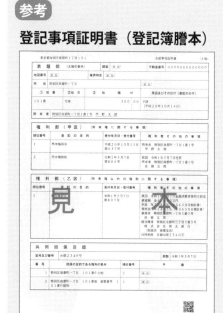

14 | 相続手続きの実践① 金融機関での手続き

> 預金相続の手続きでは、相続のケースによって必要書類が異なります。銀行等に確認しましょう。

預金の相続（払戻し等）手続きを行う

　亡くなった人に預金がある場合、まず最初にしなければならないのは死亡の届け出です。ただし、この届け出をした場合は口座が凍結（32ページ参照）されるので、電気、ガス等の引き落としがあるときは事前に解約、名義変更をしておきましょう（68ページ参照）。

　法定相続や**遺産分割協議**など相続する方法が決まった後に、各相続人の口座へ振込んでもらいます（払戻しされる）。各金融機関で必要書類、手続きが異なるため、事前に銀行等の web サイトや窓口で確認しましょう。証券会社の場合は死亡の届け出後、相続人の口座を開設し、株式や有価証券をその口座へ移してから売却やそのまま保有することになります。

ゆうちょ銀行の場合

　ゆうちょ銀行の場合は、窓口に用意してある**相続確認表**に必要事項を記入し、提出することから相続手続きが始まります。その後、「必要書類の案内→必要書類の提出→相続払戻金の受け取り」という流れで進められます。

　ゆうちょ銀行では、手続きが完了するまでに 1 カ月程度かかると案内しています。

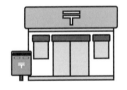

■ゆうちょ銀行の相続確認表

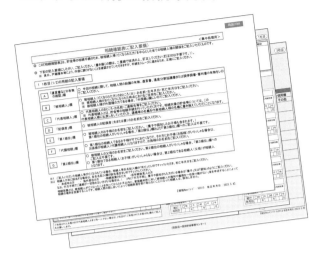

相続確認表はゆうちょ銀行webサイトからダウンロードして入手も可能。記載例も見ることができる。

■銀行での必要書類（りそな銀行の例）
●遺産分割協議・遺言がいずれもない場合

①相続手続依頼書

②被相続人の通帳・証書、貸金庫の鍵・利用カードなど

③実印

④被相続人の戸籍謄本（または全部事項証明書）

⑤相続人全員の戸籍謄本（または全部事項証明書）

⑥相続人の印鑑登録証明書

※相続人全員のもの、発行から6カ月以内のもの

●遺産分割協議による相続の場合

上記①〜⑥に加えて、遺産分割協議書が必要。

※相続人全員の署名・捺印（実印）があるもの

●遺言による相続の場合

遺言執行者の指定の有無、遺言の内容により用意する書類が変わるため、銀行に問い合わせること。

15 相続手続きの実践② 不動産の相続登記

[書類]
登記申請書など（本文参照）

[費用] 必要書類の取得費、登録免許税、司法書士報酬など

[提出先]

相続した不動産の所在地を管轄する法務局

不動産を取得したことを知った日から3年以内
(令和6年4月1日から)

不動産の相続登記

　ここまで、相続人を調べる、遺産分割協議をするという手続きについて説明しましたが、それらをもとに実際に相続登記を申請してみましょう。今回は相続人全員で遺産分割協議をした後に相続登記をすることを想定した事例とします。

●必要書類

①登記申請書

②遺産分割協議書

③亡くなった人の出生から死亡までの戸籍謄本（除籍謄本、改製原戸籍謄本等を含む）、本籍の記載がある住民票の除票または戸籍の附票

④相続人全員の戸籍謄抄本、印鑑登録証明書

⑤不動産を取得する相続人の住民票

⑥不動産の価格がわかる固定資産税課税明細書または固定資産評価証明書

⑦相続関係説明図（亡くなった人、相続人の関係を図にしたもの）

※戸籍の附票とは住所の移り変わりを記録したもので、本籍のある市区町村の役所で取得できます。

■登録免許税

　登記を申請する場合には、登録免許税という税金を支払わなければ
ならない。税率は不動産の価格（1,000円未満切捨て）に税率1000分
の4を掛けた額（100円未満切捨て）となる。

※要件を満たせば、免税措置の適用がある。

■登記申請書

```
　　　　　　　　　　┌─────────────────────────┐
　　　　　　　　　　│※受付シールを貼るスペースになりますので、│
　　　　　　　　　　│この部分には何も記載しないでください。　　│
　　　　　　　　　　└─────────────────────────┘

　　　　　　　　　　登　記　申　請　書

　登記の目的　　所有権移転

　原　　　因　　令和6年3月　4日相続

　相　続　人　（被相続人　甲野太郎　　　　）
　　東京都千代田区千代田八丁目9番10号
　　（申請人）　持分2分の1　甲　野　一　郎　印
　　東京都千代田区千代田八丁目9番11号
　　（申請人）　持分2分の1　甲　野　二　郎　印

　　　　　　　　連絡先の電話番号　03－1111－2222
　添付情報
　　登記原因証明情報　　　　　住所証明情報

　□登記識別情報の通知を希望しません。

　令和6年6月7日申請　東京　法務局

　課税価格　金2，000万円

　登録免許税　金8万円

　不動産の表示
　　不動産番号　1234567890123
　　所　在　　　東京都千代田区千代田七丁目
　　地　番　　　8番9
　　地　目　　　宅地
　　地　積　　　123・45平方メートル

　　不動産番号　0987654321012
　　所　在　　　東京都千代田区千代田七丁目
　　家屋番号　　8番9
　　種　類　　　居宅
　　構　造　　　木造かわらぶき2階建
　　床面積　　　1階　43・00平方メートル
　　　　　　　　2階　21・34平方メートル
```

※住民票の除票に記載された住所は、被相続人の登記記録上の住所
と一致している必要がある。被相続人の最後の住所が登記記録上の
住所と異なる場合には、戸籍の附票が必要。
※不動産の表示部分は、相続した不動産の登記事項証明書（登記簿
謄本）を法務局で取得して写す。

16 住宅ローンの抵当権を抹消する

［書類］
登記申請書、登記原因証明情報、
登記識別情報、委任状など

［費用］登録免許税、司法書士報酬など

［提出先］

不動産の所在地を
管轄する法務局

速やかに

住宅ローン債務がなくなったら抵当権を抹消する

土地や建物の不動産を相続した際に、その不動産に住宅ローンなどによる**抵当権**が付いている場合があります。

相続財産から住宅ローンの債務を全額弁済したときや、抵当権に債務者が亡くなったときはその債務が消滅するという生命保険付きの特約がある場合は、不動産の相続登記とは別に抵当権を消す登記を申請しなければなりません。この登記を**抵当権抹消登記**といいます。

抵当権抹消登記申請書を作成する

債務がなくなった場合は、銀行等から抵当権抹消登記に必要な書類を受け取って申請書を作成します。申請書は法務局の申請書記載例を参考にしましょう。また、申請書以外にも必要な書類がありますが、基本的には銀行から受け取る書類※がこれに当たります。

※登記原因証明情報、委任状など。

銀行等の金融機関から
必要なものが渡される。

■登記申請書

※受付シールを貼るスペースになりますので、
この部分には何も記載しないでください。

登 記 申 請 書

登記の目的　　根抵当権抹消（順位番号後記のとおり）

原　　　因　　令和６年６月４日解除（又は「弁済」等）

権　利　者　　東京都千代田区千代田八丁目９番10号
　　　　　　　甲野一郎

義　務　者　　東京都千代田区千代田九丁目10番11号
　　　　　　　株式会社板橋銀行
　　　　　　（会社法人等番号１２３４－５６－７８９０１２）
　　　　　　　代表取締役　乙野丙太

添付情報
　　登記識別情報（又は登記済証）　登記原因証明情報
　　会社法人等番号　代理権限証明情報
登記識別情報（又は登記済証）を提供することができない理由
　　□不通知　□失効　□失念　□管理支障　□取引円滑障害　□その他（　　　　　）

令和６年７月１日申請　東京　法務局

申請人兼義務者代理人　東京都千代田区千代田八丁目９番10号
　　　　　　　　　　　甲野一郎
　　　　　連絡先の電話番号　03－1111－2222

登録免許税　　金２，０００円

不動産の表示
不動産番号　１２３４５６７８９０１２３
所　　在　　東京都千代田区千代田七丁目
地　　番　　８番９
地　　目　　宅地
地　　積　　１２３・４５平方メートル
（順位番号３番）

※不動産の表示部分は、不動産の登記事項証明書（登記簿謄本）を法務局で取得して写す。

17

自動車の名義変更をする

[書類]
遺産分割協議書等
（右記参照）

[費用] 4,000〜5,000円程度

[提出先]
管轄の運輸支局
または自動車検査
登録事務所

相続があった
日から
15日以内

運輸支局または自動車検査登録事務所に申請する

車を相続した人は、不動産や預金と同じく相続の手続きをする必要
があります。もし今後使う予定がなく、売却しようと考えている場合も、
名義変更をしなければ売却はできません。

また、道路運送車両法では、所有者の変更があったときから**15日以
内**に名義変更の申請をしなければならないとされています。もし15日
以内に申請ができなかったとしても、名義変更ができなくなるわけで
はないので必ず運輸支局等に申請を行いましょう（遅れても罰則はあ
りません）。

車検証で車の所有者を確認する

亡くなった人が車をマイカーローン（自動車ローン）で購入してい
た場合は、所有者が、亡くなった人ではなく信販会社やディーラーに
なっていることがあります。車の車検証に所有者の記載がありますの
で確認できます。

その場合は、まず信販会社やディーラーに連絡して相続の報告と残
りの債務額を確認して、今後の手続きについて協議してから進めてい
きましょう。

■相続による移転登録（名義変更）　北海道運輸局の例

手続きに必要な書類等

１．申請書（ＯＣＲ申請書 第１号様式）

２．手数料納付書（500円の検査登録印紙を貼付）

３．自動車検査証（車検証）

４．次のうちいずれかのもの

①相続人全員の実印を押印した遺産分割協議書

〔その車の相続人（新所有者）が特定できるもの〕

②遺言書

（公正証書による遺言書以外は家庭裁判所による検認済みのもの）

③遺産分割に関する調停調書

④遺産分割に関する審判書（確定証明書付）

⑤判決謄本（確定証明書付）

５．戸籍謄本・戸籍の全部事項証明書または法定相続情報証明書

※自動車の所有者の死亡が確認できるもので、死亡した所有者と相続人全員の関係がすべて確認できるもの。

６．新所有者が用意するもの

（１）印鑑証明書（発行日から３カ月以内のもの）

（２）印鑑等

本人が申請する場合…申請書に印鑑証明書の印鑑（実印）を押印

代理人が申請する場合…所有者の印鑑証明書の印鑑（実印）を押印した委任状

８．自動車保管場所証明書（車庫証明書）

※管轄する警察署へ申請、証明の日から１カ月以内のもの。
※新旧使用者の使用の本拠の位置に変更がない場合は、車庫証明書は不要。

> 注意　必要書類は車の査定額が 100 万円を超えるか超えないかで変わる。詳細は、管轄の運輸支局等で確認すること。

18

ゴルフ会員権の名義書換をする

被相続人の財産にゴルフ会員権があるのがわかったら、これはどう処分したらいいのでしょうか？

そもそもゴルフ会員権は相続できるもの？

ゴルフ場の会員になると、利用料が割安になる、優先使用権があるなど、さまざまなメリットがあります。会員になるにはゴルフ場によって異なりますが、**会員権**を購入したり、**預託金**を支払って入会します。

この会員権は相続することができるものと会員が亡くなることによって消滅するものがあります。会員権が消滅したとしても預託金の返還が受けられる可能性がありますので、ゴルフ場に確認してみることです。

ゴルフ会員権の相続手続き

ゴルフ会員権の相続手続きに関してもゴルフ場の**約款**で異なりますので、事前確認が必要です。必要書類としては、これまでの相続手続きと同じく、亡くなった人の出生から死亡までの戸籍謄本（除籍謄本、改製原戸籍謄本等を含む）や遺産分割協議書等が必要になります。

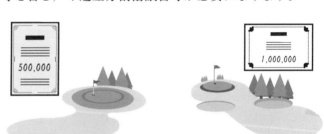

名義書換料はゴルフ場によって異なり、
金額も10万円〜100万円程度と幅が大きい。

■ゴルフ会員権の種類

①社団法人制

　法人の社員となり、ゴルフ場を運営する側になる。社団法人制の会員権は基本的に会員が亡くなることにより消滅するか、直系の相続人のみ認められる場合がある。

②株主会員制

　ゴルフ場の出資者となり、株主総会で議決権を行使するなど経営する側になる。株主会員制の会員権は基本的に相続できる。

③預託金制

　ゴルフ場に保証金を預託することによって会員になる。退会するときは、預託金の返還請求ができる。

　ゴルフ場によっては②と③を足した制度もある。亡くなった人が生前、年会費等を支払っていなかった場合、その支払いを請求されることがある。

　ゴルフ会員権の相続（名義書換）で必要となる書類は、以下の3点であることが多い。

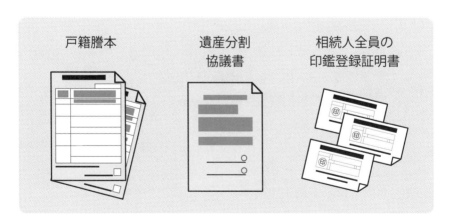

【コラム】
軽自動車の名義変更

●軽自動車検査協会で名義変更する

134ページで紹介したように、相続による自動車の移転登録（名義変更）については、運輸支局または自動車検査登録事務所で手続きを行います。ただし、これは普通自動車の場合です。軽自動車の名義変更は、軽自動車検査協会（事務所・支所・分室）で行います。

必要書類は以下のようなものです。

- -

1.自動車検査証（車検証）　※コピー不可
2.使用者の住所を証する書面
　次のいずれか1点。　※発行されてから3カ月以内
　・住民票の写し（マイナンバーが記載されていないもの）
　・印鑑（登録）証明書
3.ナンバープレート（車両番号標）
　使用の本拠の位置の管轄に変更なければ必要なし。
4.自動車検査証記入申請書（軽第1号様式）
　窓口で入手。軽自動車検査協会のwebサイトからダウンロードすることもできる。

さらに相続の場合は、相続人であることを確認できる以下のいずれかの書面が必要です。

・戸籍謄本等　※コピー可。
・法定相続情報一覧図　※コピー可。カメラで撮影したものは使用できない。

- -

なお、申請手数料は無料となっています。

5章

相続税の手続き

相続税の大まかな仕組み

相続税はすべての人にかかるわけではありませんが、ここでは相続税のかかる財産と相続税の申告スケジュールを把握しましょう。

課税される財産額を超えた人に相続税がかかる

税金のかかる財産は最終的にどのようなものか、見てみましょう。

相続時精算課税の適用を受ける財産	プラスの財産 みなし相続財産
遺産額	マイナスの財産 非課税財産

遺産額	**+**	相続開始前3年内贈与財産※

※税制改正項目 184ページ参照

正味の遺産額

課税遺産総額	基礎控除額

課税される財産額

上記のプラスやマイナスの財産の内容については後述します。

基礎控除額とは何なのか？

　基礎控除額とは、正味の遺産額から差し引くことができる金額で、相続税法であらかじめ定められているものです。その金額は以下のようになっています。

> 基礎控除額　3,000万円
> 法定相続人1人当たり　600万円

　例えば、法定相続人が3人の場合は、以下のように計算します。

> 3,000万円+600万円×3人＝4,800万円

　この金額が正味の遺産額から差し引かれます。ですから、課税対象となる財産がこの金額の範囲内に収まれば、申告の必要がないというのが原則です。しかし、後述する相続税の特例を使う場合など、申告が必要な場合もありますので、税理士などの専門家に相談したほうがよいでしょう。

　課税価格が算出できたら、税率を乗じて相続税額を計算します。税額の計算については、この後で詳しく説明します。

法定相続人の数	基礎控除額
1人	3,600万円
2人	4,200万円
3人	4,800万円
4人	5,400万円

　養子がいる場合、実子が1人なら養子のうち1人まで、実子がいなければ養子のうち2人までを法定相続人に含めます。

相続税の申告・納付はいつまでにする？

　相続税の申告・納付の期限は、被相続人が亡くなってから **10 カ月以内**です。例えば、4 月 16 日に亡くなったら、翌年 2 月 16 日が申告期限となります。申告書の提出先は、被相続人の死亡時の住所を管轄する税務署です。相続人の住所地ではありません。

　また、相続人全員で一つの申告書を提出するのが原則ですが、別々に提出することもできます。

相続税申告までのスケジュール

被相続人死亡＝相続開始

　　死亡届
　　葬儀の手配
　　遺言書の確認
　　各種料金契約などの解約
　　相続人調査
　　相続財産の調査
　　社会保険関連の手続きなど

それぞれの期限が来るまでに、やることはたくさんあります！

3 カ月経過　相続放棄の期限　　※相続するかしないかを決める

　　財産目録の作成開始
　　遺品整理など

4 カ月経過　準確定申告の期限

　　遺産分割協議の話し合い（遺言書がない場合）

10カ月経過　相続税の申告・納付

相続財産は法定相続分通りに分けなくてもいい

①遺言書がある場合

相続において最強の効力を持つのは**遺言書**（102ページ参照）です。被相続人の意思を尊重して、遺言書通りに財産を分けます。遺言書があるかないか、被相続人の生前からわかっていればいいのですが、不明の場合は公証役場に保管されていないか、銀行の貸金庫に預けていないか、もしくは自宅のタンスから出てくることもありますので、可能性のある所はすべて探してみなければなりません。

②遺産分割協議を行う場合

遺言書がない場合は、**遺産分割協議**（110ページ参照）といって、被相続人の財産を誰にどう分けるかを相続人間で話し合いをします。決定したら、遺産分割協議書を相続人の人数分作成し、署名の上、実印を押印します。

相続の手続きは自分でできる？

申告手続きはもちろん、自分で行うことができます。時間と手間がかかるかもしれませんが可能です。

●手順

1．相続人を確認する

誰が相続人になるのかを調べる。
たいていの場合は子・両親・兄弟姉妹・孫・祖父母となるが、まれに被相続人の婚外子がいることもある。

2．1の相続人を確定させるための必要書類を集める

被相続人が生まれてから亡くなるまでの戸籍謄本、相続人の戸籍謄本、住民票など。

3．相続財産を調べる

すべての財産をリストアップする。

財産の種類

プラスの財産	
銀行預金	残高証明書、名寄帳
株式、投資信託	残高証明書
不動産	登記事項証明書（登記簿謄本）、名寄帳取得
借地権	契約書など
その他	ゴルフ会員権、自動車、貴金属・骨董品、特許権など、事業を行っていたらその固定資産

みなし相続財産	
死亡保険金	生命保険会社の契約書・支払明細書
死亡退職金	被相続人の死亡後3年内に支給が確定した勤務先からの退職金
保険契約にかかわる権利	死亡保険金ではなく、養老保険金などで満期がまだのもの

マイナスの相続財産	
借入金	住宅ローンやクレジットの未払金は契約書や各種明細書を探す
医療費	被相続人の死亡後に支払ったものの領収書
公租公課	死亡時において未払いの固定資産税や住民税、健康保険料など
葬式費用	葬式費用やお布施など

また、そもそも相続税の課税対象から除かれているものもあります。

非課税の財産	
祭祀財産 （さいし）	被相続人が生前から所有していた墓地、墓石、仏壇・仏具（純金製などの高額なものは除く）
寄付金	相続税の申告期限までに行った国または地方公共団体、公益目的の特定法人への寄付金

●ワンポイント

　お墓や仏壇など、被相続人が亡くなった後に相続人が購入したものは、一切控除の対象になりません。相続税の非課税の対象でもなく、相続人の所得税の控除対象でもありません。この点を勘違いしないようにしましょう。

　すべての財産を調べたら、目録を作成します。これが相続税の計算の第一段階です。

財産目録を作る

　被相続人の財産の一覧表です。財産目録があれば、遺産分割協議の場でのトラブルが減少します。財産目録には決まった形式はありません。以下のように、わかりやすいものをパソコンで作成しましょう。

現金

	金融機関	種別	口座番号	残高（円）
1	○銀行▽支店	普通	1234567	15,000,000
2	●信金▼支店	普通	8901234	20,000,000
3	△ネットバンク	普通	3323	4,000,000

不動産

	種別	所在	種類	面積	評価額
1	土地	渋谷区○○町 1-2-3	自宅敷地	130 ㎡	5,000 万円
2	家屋	〃	自宅	220 ㎡	2,000 万円

株式・投資信託

	金融機関	内容	購入日
1	○証券会社 × 支店	▼工業株式　100 株	2016 年 7 月 3 日
2	●証券会社△支店	△ファンド 1,000 口	2022 年 5 月 9 日

　住宅ローンや借入金などの、マイナスの財産も漏れなく記録します。

相続財産の評価方法

被相続人が土地・家屋や株式を持っていたら、それらは相続財産になります。相続財産の評価方法について見てみましょう。

被相続人の所有していた土地・家屋を探す

まず、被相続人が自宅以外にどんな土地や家屋を持っていたのかを調べます。調べる方法はいくつかあります。

1. 名寄帳を取得する

・名寄帳とは？

基本的に市区町村を単位とした固定資産の所有状況が記載されています。

・どこで取得する？

被相続人が所有していた不動産のある都税事務所または市区町村役場などで取得します。

2. 固定資産税の納税通知書を確認する

都税事務所等から自宅に届く、固定資産税の納税通知書を探してみましょう。そこには土地と家屋の区分別にそれぞれの課税価格や課税額が記載されています。

3. 不動産の権利証・登記簿謄本を見る

権利証や謄本は、自宅の金庫や書類ケースなどに保管されていることが多いです。

4. 土地・家屋の評価証明書を取得する

都税事務所等で、土地・家屋の評価証明書を取得します。家屋は、ここに書かれている価格が相続税の評価額の基本となります。

土地や家屋の評価額＝売買価額ではない

　相続税の財産評価額は、不動産の売買価額とは異なります。おおよそ売買価額の6〜7割ともいわれていて、実勢価格よりも低い額となっています。

■家屋の評価方法

　家屋は、自宅なのか貸家なのかで、評価方法が異なります。

不動産屋さんの売買価額ではありません！

自宅	①評価証明書の価格または固定資産税の納税通知書の価格（固定資産税評価額）×1.0
貸家	①－（①× 借家権割合※× 賃貸割合）

※借家権割合は、現時点で全国一律30%となっている。

　例えば、所有アパートの8室のうち7室を賃貸していたら、大ざっぱに言えば、賃貸割合は7／8になります。

評価証明書の価格が3,000万円のアパートの場合

$$3{,}000万円 － （3{,}000万円 \times 0.3 \times \frac{7}{8}） = 2{,}212万5{,}000円$$

■土地の評価方法

　土地の評価方法は、

①路線価方式　　②倍率方式

の大きく2つに分けられます。

①倍率方式

郊外の土地に多い評価方法で、比較的簡単に求められます。

> **固定資産税評価額×倍率＝評価額**

倍率は、国税庁が定める評価倍率表で地域ごとに定められています。

②路線価方式

ここでいう路線とは道路のことです。この路線に面する宅地の１㎡
当たりにつき千円単位の評価額を国税庁が定めています。

> **路線価×土地面積＝自用地の評価額**

以下のような土地を見てみましょう。

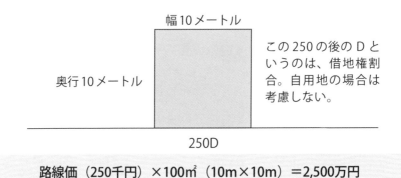

幅10メートル

奥行10メートル

この250の後のDというのは、借地権割合。自用地の場合は考慮しない。

250D

路線価（250千円）×100㎡（10m×10m）＝2,500万円

毎年７月ごろに
更新されます

倍率表

　土地の形状はさまざまであり、常に正方形とは限りません。傾斜していたり、奥行きが長かったり、不整形である土地も多いので、計算はかなり複雑になります。評価方法にもいろいろ特例があります。評価については専門家に相談したほうがいいでしょう。

路線価図

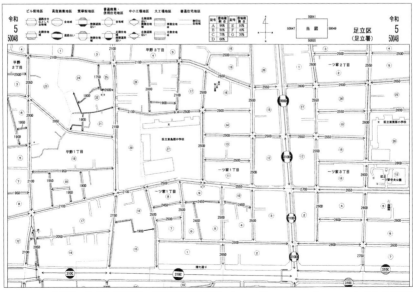

（画像：ともに国税庁・財産評価基準書　https://www.rosenka.nta.go.jp/ より引用）

株式や投資信託の所在

　次は、株式や投資信託です。土地・家屋と同じく、被相続人が持っていた株式等の在りかを探します。

1.取引先の金融機関・証券会社はどこか探る

　銀行や証券会社、信託銀行などが取引の窓口です。書類の控えなどからたどっていきます。

2.通帳を確認する

　通帳に配当金が入金されていたり、株式等を購入するために大きな金額が出金されていることも見逃さずに調べていきます。

3.パソコンの中を探す

　今ではネット証券が主流になっています。インターネット取引を行っていたら、履歴などが残っているはず。また、メールも届いていることでしょう。

■株式の評価方法

　証券会社等に**残高証明書**を請求します。この時に、相続の手続きのために必要だと伝えます。

1.上場株式

被相続人の死亡日を基準日として、1株当たりの4つの評価額を算出

①基準日の最終価格
②基準日の月の毎日の最終価格の月平均額
③基準日の前月の毎日の最終価格の月平均額
④基準日の前々月の毎日の最終価格の月平均額

①～④のうち一番低い価格が評価額となる

上記で決定した評価額×株数＝その持株の財産評価額

この算式を使って、すべての株式について計算します。

2.上場していない株式（取引相場のない株式）

　知り合いの会社の株式や自分が経営していた会社の株式など、1の算式では計算できないものもあります。

①その会社の持つ土地など
②その会社の過去の売上・従業員数
③開業後の年数
④同族株主の数

これらの要素を
総合的に組み合わせて
価格を算出する

　大変複雑な計算となるため、税理士等の専門家に依頼したほうがいいです。

■投資信託の評価方法

　NISAの利用者も増えてきて、投資信託を所有している人も多くなっています。

1.証券投資信託の受益証券

　証券会社などに、相続開始日（死亡日）の基準価額の記載された残高証明書をもらいます。以下の算式で計算されます。

$$\text{1口当たりの基準価額} \times \text{口数} - \text{源泉所得税等} - \text{信託財産留保額と解約手数料} = \text{評価額}$$

　要するに、課税時期において解約請求をしたものと仮定して支払いを受けることができる価格が評価額となるわけです。

2.証券投資信託の受益証券で上場されているもの

　証券取引所に上場されている投資信託の受益証券も多くあります。このような受益証券については、上記の算式での評価は適切ではなく、上場株式の評価方法に準じて評価します。

03 相続税の軽減・控除・加算措置について

相続税の計算には、相続税額から控除できる各種控除や2割加算の制度などがあります。

相続税額計算の最後に差し引かれる各種税額控除

種類	誰に対して	内容
贈与税額控除	相続等により財産を取得した人で、相続開始前3年以内（令和6年1月1日以後の贈与からは7年以内）に贈与を受けて贈与税を支払った人	相続税からすでに支払った贈与税が差し引かれる
未成年者控除	18歳未満で、財産をもらった人	「1年につき10万円 × 18歳に達するまでの年数」の金額が相続税の額から差し引かれる
障害者控除	障害者で財産をもらった人	1年につき10万円 ×85歳に達するまでの年数の金額が相続税の額から差し引かれる（特別障害者の場合は1年につき20万円）

種類	誰に対して	内容
相次相続 控除 （そうじ）	被相続人が死亡前 10 年以内に第 1 次相続により財産を取得していた場合、今回の相続（第 2 次相続）により財産を取得した人	第 1 次相続の相続税額のうちの一定額 ×1/10
外国税額 控除	相続財産が外国にあり、外国の法令により相続税に相当する税が課された人	相続税からその外国税額を控除する

相続時精算課税を選択した場合

　贈与税の制度で**相続時精算課税**があります。贈与者からもらった財産について、原則として**2,500万円**を控除した残額に**20%**の税率の贈与税を払うというものです（令和6年1月1日以後は基礎控除110万円プラス）。

　数年後に相続が発生したら、相続税額から支払った贈与税が控除され、控除しきれない場合には還付を受けることができます。

1.贈与財産をもらったとき

$$\text{贈与者ごとの課税価格} - \underset{\text{（令和6年1月1日以後）}}{\text{1 年につき基礎控除110万円}} - \text{特別控除額2,500万円} \times 20\% = \text{贈与税額}$$

2.相続が発生したとき

$$\text{（贈与者からの贈与財産＋相続財産）に対する相続税額} - \text{すでに支払った贈与税額} = \text{相続税額}$$

1億6,000万円まで無税!?　配偶者の税額軽減

種類	誰に対して	内容	手続き
配偶者の税額の軽減	法律上の配偶者	取得財産のうち法定相続分または1億6,000万円まで相続税が免除される	申告期限までに申告をすること申告書の第1表と第5表に記載をする

注意事項

1. 配偶者は必ず法律上婚姻している者に限る。内縁関係や事実婚の者は含まない。

2. 申告期限までに財産が未分割の場合は、この税額軽減の適用はない。しかし、未分割の申告書を提出すると同時に「申告期限後3年以内の分割見込書」を提出し、適用項目に丸印を付けておくと、分割が決まれば適用を受けることができる。

> 配偶者は1億6,000万円までは相続税がかからない！
> 法定相続分または1億6,000万円を超えた場合は、その超えた分だけに相続税がかかる。

3. 添付書類

　①戸籍謄本または法定相続情報一覧図の写し

　②遺言書の写しまたは遺産分割協議書

　③その他、財産の取得の状況を証する書類など一定のもの

相続税額の2割加算

　相続税では、いわゆる**2割加算**といって、税額が加算される人がいます。対象となるのは原則として、以下の図表の点線枠の外にいる人です。

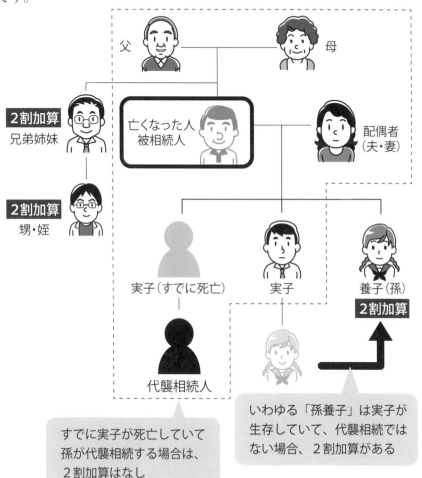

2割加算
兄弟姉妹

2割加算
甥・姪

父

母

亡くなった人
被相続人

配偶者
（夫・妻）

実子（すでに死亡）

実子

養子（孫）

2割加算

代襲相続人

いわゆる「孫養子」は実子が生存していて、代襲相続ではない場合、2割加算がある

すでに実子が死亡していて孫が代襲相続する場合は、2割加算はなし

第5章　相続税の手続き

　2割加算される金額は、税額控除の前の段階で算出された相続税額です。当然のことながら、元の税額が大きい場合は、この2割加算は結構な金額となります。

小規模宅地等の特例を使う

［特例の対象となる土地］	［特例の対象となる人］	［軽減される金額］
被相続人の住んでいた土地など	配偶者、同居の親族など	評価額が50〜80%減額される

小規模宅地等の特例で家を売らずに済む

"不動産を売却しないと相続税を払えない"相続ではありがちです。しかし住む家を売ってしまったら、残された家族は衣食住の"住"を失います。それを避けるために、相続税の財産評価の特例として、一定規模以下の土地は本来の評価額の 50 〜 80％とする**小規模宅地等の特例**が設けられています。

相続開始直前の土地の用途	限度面積	減額割合
被相続人の住んでいた土地	330 ㎡	80%減
被相続人が事業などを営んでいた土地	400 ㎡	80%減
被相続人が貸し付けていた土地	200 ㎡	50%減

【例】住んでいた土地が以下の場合

250㎡ 評価額 5,000万円	5,000万円×80%＝4,000万円 4,000万円が減額され 評価額は1,000万円となる

ずいぶんお得になりますね

小規模宅地等の特例には上記のように限度面積があり、上限までは複数を組み合わせて特例を受けることも可能です。また、居住用地が、例えば 400㎡あったとしたら、330㎡を超える面積 70㎡に対しては特例が適用されません。

■特例を受けられる人

取得者の要件は、細かく決められている。

宅地の種類	対象者	条件
居住用	配偶者	なし
	被相続人と同居していた親族	相続税の申告期限までその宅地に住み続け、有していること
	同居していなかった親族	以下の要件を満たすこと ・被相続人に配偶者や同居していた相続人がいない ・相続開始前3年内に自分や配偶者、3親等内の親族、取得した者と特別の関係がある一定の法人が所有する家屋に住んだことがない ・相続税の申告期限までその宅地に住み続け、有していること
特定事業用	被相続人の親族で事業を受け継ぐ者	事業を申告期限まで継続し、かつその宅地を有していること
貸付事業用	被相続人の親族	相続税の申告期限まで有し、かつ貸付事業を行っていること

※事業用地は、相続開始前3年以内に新たに貸付事業の用にされた土地を除く。

老人ホームに入居していたら…

　被相続人が亡くなる前に老人ホームに入居していても、要件を満たせば小規模宅地等の特例は適用される。要介護認定証やホームとの契約書など一定の証明書類が必要となる。

相続税額を計算する

ここでは、妻と子ども2人で法定相続分通りに相続した場合、
どれくらいの税額になるのか計算してみます。

相続税額を計算してみる

相続税の計算方法は少し複雑ですが、次の手順で計算します。

1. 相続人間で、法定相続分で相続したものと仮定して課税遺産総
   額を按分する。
2. 1の金額に相続税率を乗じたものを合計して相続税額を算出
   し、その総額を出す。
3. 2の相続税額の総額を実際に相続した取得金額で按分して、各
   人の納税額を算出する。

事例1

課税遺産総額
1億円
(基礎控除後)

被相続人

父

―――― 相続人 ――――

相続人A
母

相続人B
子

相続人C
子

① 各相続人の法定相続分を算出する　　　( )は法定相続分

相続人A	相続人B	相続人C
5,000万円	2,500万円	2,500万円
(1/2)	(1/4)	(1/4)

② それぞれの法定相続分に応じた相続税額を速算表により算出する

相続人A	相続人B	相続人C
800万円	325万円	325万円

③ 各相続人の相続税額を合計する

800万＋325万＋325万円＝1,450万円　　合計 1,450万円

相続税の速算表

法定相続分に応じた取得金額	税率	控除額
1,000万円以下	10%	0
3,000万円以下	15%	50万円
5,000万円以下	20%	200万円
1億円以下	30%	700万円
2億円以下	40%	1,700万円
3億円以下	45%	2,700万円
6億円以下	50%	4,200万円
6億円超	55%	7,200万円

④ ③の相続税額を実際に相続で取得した財産額で按分する

相続人A 取得額 5,000万円	相続人B 取得額 3,000万円	相続人C 取得額 2,000万円

⑤ 最終的な納税額を計算する

 相続人A 税額 725万円　　 相続人B 税額 435万円　　 相続人C 税額 290万円

　上記で算出した税額からさらに配偶者の税額軽減、贈与税額控除、未成年者控除、障害者控除などの各種控除を差引き、それぞれの最終の納税額を計算する。　　　　　　※控除の詳細は152～154ページ参照

事例2

課税遺産総額
2億5,000万円
（基礎控除後）

被相続人

父
（実際の相続分）

────── 相続人 ──────

（特別障害者）

母（78歳）　　兄（45歳）　　妹（40歳）
1億円　　　5,000万円　　　1億円

---

① 法定相続分

（　）は法定相続分

母	兄	妹
1億2,500万円	6,250万円	6,250万円
（1/2）	（1/4）	（1/4）

② 法定相続分による相続税額

母　　1億2,500万円×40%−1700万円＝3,300万円

兄　　6,250万円×30%−700万円＝1,175万円　　合計5,650万円

妹　　6,250万円×30%−700万円＝1,175万円

③ 相続税額を実際に相続で取得した財産額で按分する

母　　5,650万円×1億÷2億5,000万円＝2,260万円

兄　5,650万円×5,000万円÷2億5,000万円＝1,130万円　　合計5,650万円

妹　　5,650万円×1億円÷2億5,000万円＝2,260万円

④ 軽減・控除

母　配偶者の税額軽減　　　1億円≦1億6,000万円 → 税額は0円

妹　障害者控除　　2,260万円−20万円×（85歳−40歳）＝1,360万円

⑤ 最終的な納税額を計算する

母
0円

兄
1,130万円

妹
1,360万円

■相続税の申告書（第1表

被相続人の住所地の
税務署へ提出する

氏名を記入する

相続税の申告書

芝 税務署長
2023年 9月 15日提出
相続開始年月日 2023年 2月 3日

（被相続人）
氏 名　父の氏名　母の氏名

個人番号又は法人番号　1 2 3 4 5 6 7 8 9 1 2 3 4

住　所　港区高輪1-1-1　港区高輪1-1-1
（電話番号）　　（ 03 - 0000 - 0000 ）

被相続人との続柄　職業　会社員　妻　なし

	各人の合計	財産を取得
取得財産の価額（第11表③）①	299000000	101000000
相続時精算課税適用財産の価額（第11の2表1⑦）②		
債務及び葬式費用の金額（第13表3⑦）③	1000000	1000000
純資産価額（①+②-③）（赤字のときは0）④	298000000	100000000
純資産価額に加算される暦年課税分の贈与財産価額（第14表1④）⑤		
課税価格（④+⑤）（1,000円未満切捨て）⑥	298000000	100000000
法定相続人の数	3人 遺産に係る基礎控除額 48000000	
相続税の総額 ⑦	56500000	
あん分割合（各人の⑥）⑧	1.00	0.400000000
一般の場合（⑨の場合を除く）算出税額（⑦×各⑧）⑨		22600000
農地等納税猶予の場合の算出税額（第3表⑧）⑩		
相続税額の2割加算が行われる場合の加算金額（第4表1⑦）⑪		
暦年課税分の贈与税額控除額（第4表の2⑤）⑫		
配偶者の税額軽減額（第5表○又は○）⑬		22600000
⑫～⑱以外の税額控除額（第8の8表1⑤）⑭		
計 ⑮		22600000
差引税額（⑨+⑪-⑮又は⑩+⑪-⑮）（赤字のときは0）⑯		
相続時精算課税分の贈与税額控除額（第11の2表⑧）⑰	0 0	0 0
医療法人持分税額控除額（第8の4表2B）⑱		
小計（⑯-⑰-⑱）（黒字のときは100円未満切捨て）⑲		0
農地等納税猶予税額（第8の8表2⑧）⑳		
申告期限までに納付すべき税額 ㉑		

［添付書類］
・被相続人と相続人の戸籍謄本など身分関係のわかるもの
・遺産分割協議書または遺言書
・印鑑登録証明書（遺産分割協議書に使用した実印のもの）
・マイナンバーカードの写しまたは通知書と身分証の写し
その他、土地評価の計算明細書やと登記簿謄本など、相続財産によっては提出を求められるものもある。

第5章 相続税の手続き

（https://www.nta.go.jp/taxes/tetsuzuki/shinsei/annai/sozoku-zoyo/annai/r05pdf/C01.pdf　より）

■相続税の総額の計算書（第2表）

氏名を記入する

<table>
<tr><td colspan="2" align="center">相 続 税 の 総 額 の 計 算 書</td><td>被相続人</td><td align="center">父の氏名</td><td>第2表（令和5年1月分以降用）</td></tr>
</table>

この表は、第1表及び第3表の「相続税の総額」の計算のために使用します。

なお、被相続人から相続、遺贈や相続時精算課税に係る贈与によって財産を取得した人のうちに農業相続人がいない場合は、この表の⑧欄及び⑩欄並びに⑨欄から⑪欄までは記入する必要がありません。

① 課税価格の合計額	② 遺産に係る基礎控除額	③ 課税遺産総額
（第1表⑥④） **298,000,000** 円	3,000万円＋（600万円×[⑧の法定 相続人の数] **3** 人）＝[④ **4800** 万円]	（⊜） （⊘-⑧） **250,000,000** 円
（⑥④）（第3表⑥④） , 000	⑧の人数及び④の金額を第1表⑧へ転記します。	（⊛-⑧） , 000

④ 法定相続人 （（注）1参照）		⑤ 左の法定相続人に応じた法定相続分	第1表の「相続税の総額⑦」の計算		第3表の「相続税の総額⑦」の計算	
氏 名	被相続人との続柄		⑥ 法定相続分に応ずる取得金額 （⊜×⑤） （1,000円未満切捨て）	⑦ 相続税の総額の基となる税額 下の「速算表」で計算します。	⑨ 法定相続分に応ずる取得金額 （⑧×⑤） （1,000円未満切捨て）	⑩ 相続税の総額の基となる税額 下の「速算表」で計算します。
	母	1/2	125,000,000 円	33,000,000 円	, 000 円	, 000 円
	兄	1/4	62,500,000	11,750,000	, 000	, 000
	妹	1/4	62,500,000	11,750,000	, 000	, 000
			, 000		, 000	
			, 000		, 000	
			, 000		, 000	
			, 000		, 000	
			, 000		, 000	
			, 000		, 000	
法定相続人の数 ⑧ **3** 人	合計 1		⑧ 相続税の総額 （⑦の合計額） （100円未満切捨て） **56,500,0**00		⑪ 相続税の総額 （⑩の合計額） （100円未満切捨て） 00	

氏名を記入する

この計算書で法定相続分で取得したと仮定したときの税額を計算する

（注）1　④欄の記入に当たっては、被相続人に養子がある場合や相続の放棄があった場合には、「相続税の申告のしかた」をご覧ください。

2　⑧欄の金額を第1表⑦欄へ転記します。財産を取得した人のうちに農業相続人がいる場合は、⑧欄の金額を第1表⑦欄へ転記するとともに、⑪欄の金額を第3表⑦欄へ転記します。

相 続 税 の 速 算 表

法定相続分に 応ずる取得金額	10,000千円 以下	30,000千円 以下	50,000千円 以下	100,000千円 以下	200,000千円 以下	300,000千円 以下	600,000千円 以下	600,000千円 超
税　　率	10%	15%	20%	30%	40%	45%	50%	55%
控　除　額	－	500千円	2,000千円	7,000千円	17,000千円	27,000千円	42,000千円	72,000千円

この速算表の使用方法は、次のとおりです。

⑥欄の金額×税率－控除額＝⑦欄の税額　　⑨欄の金額×税率－控除額＝⑩欄の税額

例えば、⑥欄の金額30,000千円に対する税額（⑦欄）は、30,000千円×15%－500千円＝4,000千円です。

○連帯納付義務について

相続税の納税については、各相続人等が相続、遺贈や相続時精算課税に係る贈与により受けた利益の価額を限度として、お互いに連帯して納付しなければならない義務があります。

第2表（令5.7）　　　　　　　　　　　　　　　　　　　　（資4－20－3－A4統一）

（https://www.nta.go.jp/taxes/tetsuzuki/shinsei/annai/sozoku-zoyo/annai/r05pdf/C12.pdf　より）

■申告期限後3年以内の分割見込書

<table>
<tr><td rowspan="2">通信日付印の年月日</td><td rowspan="2">（確　認）</td><td rowspan="2" colspan="2">番　号</td></tr>
<tr><td>年　月　日</td></tr>
</table>

被相続人の氏名 _____

申告期限後3年以内の分割見込書

　相続税の申告書「第11表（相続税がかかる財産の明細書）」に記載されている財産のうち、まだ分割されていない財産については、申告書の提出期限後3年以内に分割する見込みです。

　なお、分割されていない理由及び分割の見込みの詳細は、次のとおりです。

　　1　分割されていない理由

　　　　_____
　　　　_____
　　　　_____

　　2　分割の見込みの詳細

　　　　_____
　　　　_____
　　　　_____

> 未分割のまま最初に申告する場合は、小規模宅地等の特例や配偶者の税額軽減などの特例は使えない。軽減措置のない税額を支払う。この際に「申告期限後3年以内の分割見込書」を一緒に提出して、将来適用する予定の特例に印を付けておくと、後から再申告するときに、この特例を使うことができる。

　　3　適用を受けようとする特例等

　　⑴　配偶者に対する相続税額の軽減（相続税法第19条の2第1項）
　　⑵　小規模宅地等についての相続税の課税価格の計算の特例
　　　　（租税特別措置法第69条の4第1項）
　　⑶　特定計画山林についての相続税の課税価格の計算の特例
　　　　（租税特別措置法第69条の5第1項）
　　⑷　特定事業用資産についての相続税の課税価格の計算の特例
　　　　（所得税法等の一部を改正する法律（平成21年法律第13号）による
　　　　改正前の租税特別措置法第69条の5第1項）

（資4－21－A4統一）

第5章　相続税の手続き

相続税の申告と納付

[書類]
相続税の申告書など

[入手先／提出先]

被相続人の死亡時
の納税地の税務署

相続開始後
10カ月以内

[費用] 無料（自分で申告した場合）

相続税の申告書を自分で作成できるか？

　ここまで説明してきた相続財産の評価から相続税額の計算までについて再確認する意味で、各相続人の納付税額を算出するまでの流れを見てみましょう。

　当然のことながら、専門家に依頼しない場合は、これらすべての手続きや計算を自分でやらなければなりません。

1. 法定相続人を確定する （98ページ参照）

　最初に行うことは、誰が相続人であるかを確定することです。被相続人の出生時から死亡時までの戸籍謄本を取り寄せて、親族関係を確認します。

書類の種類	取り寄せる場所	備考
被相続人の戸籍謄本	本籍のあった市区町村役場	出生から死亡まで
被相続人の住民票除票		省略されていないもの
相続人の戸籍謄本		家族も記載されているもの
相続人の住民票		
相続人の印鑑登録証明書		実印で、遺産分割協議書に押印したもの

2. 遺言書の確認 （102ページ参照）

遺言書が公証役場や法務局など
に保管されていないか、家の中も
探してみましょう。

3. 相続財産を把握する

（1）預貯金

取引銀行で死亡時の残高証明書を取得します。ネット銀行
も忘れずに。

このほかに、過去の預金通帳コピーも探しておきます。定
期預金の場合は、既経過利息も含めた残高証明書が必要です。
その旨を、金融機関に伝えます。

（2）上場株式

証券会社で死亡時の残高証明書を取得します。

上場株式の場合は、次の４つの価格がわかるものを発行し
てもらいましょう。これらの価格のうち、一番低い価格が財
産評価額となります。

▶ 被相続人の死亡日の最終価格

▶ 被相続人の死亡月の毎日の最終価格の月平均額

▶ 被相続人の死亡月の前月の毎日の最終価格の月平均額

▶ 被相続人の死亡月の前々月の毎日の最終価格の月平均額

（3）土地評価に必要なもの

必要なもの	取り寄せる場所
登記事項証明書（登記簿謄本）	法務局またはその出張所
地積測量図	
公図	
固定資産評価証明書	都税事務所（または市区町村役場）
路線価図・倍率表	国税庁ＨＰ

①登記事項証明書（登記簿謄本）を見て、複数名義人がいる場合は、被相続人の持ち分だけが財産評価の対象となります。
②評価額を算出します。

> **その土地が面している道路の路線価×土地面積＝評価額**

この計算式のほかにも、奥行価格補正率、不整形地補正率、間口狭小補正率など、土地は正方形であることはめったにないので、これらの補正率を乗じて計算します。

（4）家屋

必要なもの	取り寄せる場所
登記事項証明書（登記簿謄本）	法務局またはその出張所
固定資産評価証明書	都税事務所（または市区町村役場）

固定資産評価証明書にある課税価格が家屋の評価額です。貸家の場合は一定割合を減額します。

（5）その他の財産

ゴルフ会員権、リゾートクラブ会員権、骨董品、貴金属や宝石、特許権など。

（6）債務（マイナスの財産）

①借入金、クレジットカードの未払金、未払税金など

被相続人死亡時のそれぞれの残高で評価します。

③葬式費用…かかった費用の領収書を保管しておきましょう。

③お布施など…メモ書きでよいので、お寺の連絡先などを控えておきます。

（7）みなし相続財産

①生命保険金

契約者＝被保険者であるもので、被保険者の死亡後に受け取る死亡保険金（支払明細書などに書かれている金額）

②死亡退職金

被相続人の死亡後に勤務先から支給されることが確定したもの

（8）非課税財産

①仏壇、仏具など（純金製などの高額なものは除く）

②公共団体や公益事業などへの寄付金

4.課税遺産総額を算出する

それぞれの評価額を加減算していきます。

預貯金、株式など、土地、家屋、その他の財産、みなし相続財産などのプラスの財産		相続時精算課税で贈与された財産
債務・葬式費用などのマイナスの財産		
暦年贈与財産を加算	純資産価額	基礎控除額をマイナス
課税遺産総額		

計算式

① プラスの財産 ＋ 相続時精算課税の贈与財産 － マイナスの財産 ＝ 純資産価額

② ① ＋ 暦年課税の贈与財産 － 基礎控除額 ＝ 課税遺産総額

注意点

ア．土地について、小規模宅地等の特例を適用した場合には、減額後の価額を財産評価額とします。

イ．暦年課税の贈与財産の持ち戻しについては、2024（令和6）年1月1日以後取得した財産は、相続開始前3年以内から7年以内に変わりました（詳しくは184ページ参照）。

5．相続税の総額を算出する

（1）法定相続人を確認

被相続人 —— 配偶者 ← 法定相続分 $\frac{1}{2}$

法定相続分 $\frac{1}{4}$ → 相続人A

相続人B（16歳） ← 法定相続分 $\frac{1}{4}$

（2）それぞれの相続人の法定相続分を算出する

課税遺産総額×法定相続分＝法定相続分の取得価格

課税遺産総額を4億円と仮定

↓

各人の法定相続分を掛ける

$\frac{1}{2}$ 2億円　　$\frac{1}{4}$ 1億円　　$\frac{1}{4}$ 1億円

（3）それぞれの取得価格に税率を掛けて相続税の総額を算出する

相続税の速算表

取得金額	税率	控除額
〜1,000万円以下	10%	−
〜3,000万円以下	15%	50万円
〜5,000万円以下	20%	200万円
〜1億円以下	30%	700万円
〜2億円以下	40%	1,700万円
〜3億円以下	45%	2,700万円
〜6億円以下	50%	4,200万円
6億円超	55%	7,200万円

	配偶者	相続人A	相続人B（16歳）
課税価格	2億円	1億円	1億円
税率	×40%	×30%	×30%
控除額	−1,700万円	−700万円	−700万円
税額	6,300万円	2,300万円	2,300万円

（4）相続税の総額を算出する

 + + =

配偶者 6,300万円 ＋ 相続人A 2,300万円 ＋ 相続人B 2,300万円 ＝ 1億900万円

（5）各人の実際の財産取得価格に応じた相続税額を算出する

相続税の総額×（各人の課税価格÷課税価格の合計額）
＝
各相続人の税額

相続割合といいます

	配偶者	相続人A	相続人B（16歳）
取得価額	1億6,000万円	1億4,000万円	1億円
相続割合	40%	35%	25%
税額	4,360万円	3,815万円	2,725万円

（6）各人の納付税額を算出する

　未成年者控除や障害者控除、配偶者の税額軽減など各種控除や加算はこの段階で計算します。

各人の納税額－（それぞれの税額控除・加算）
＝
最終的な納付税額

	配偶者	相続人A	相続人B（16歳）
税額	4,360万円	3,815万円	2,725万円
適用される税額控除	配偶者の税額軽減	なし	未成年者控除
加減算	－4,360万円	なし	20万円
最終の納付税額	ゼロ	3,815万円	2,705万円

ア　配偶者の税額軽減の計算

　　配偶者の法定相続分相当額または1億6,000万円までの取得財産のどちらか多いほうまで相続税がかかりません。

$$4億円 \times \frac{1}{2} = 2億円 > 1億6,000万円 \rightarrow 適用あり$$

（法定相続分）

イ　未成年者控除の計算

　　満18歳になるまでの年数1年につき10万円が控除されます。

$$10万円 \times (18歳 - 16歳) = 20万円$$

申告書とあわせて提出するもの
配偶者の税額軽減額の計算書（第5表）

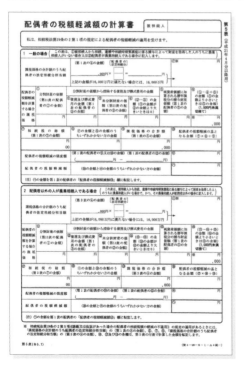

配偶者が「法定相続分相当額」もしくは「1億6,000万円」までの財産を受け取り、税額軽減を受ける場合の控除額の計算書。

未成年者控除額・障害者控除額の計算書（第6表）

相続人の中に未成年者、障害者がいる場合に作成して提出する。

相続税がかかる財産の明細書（第11表）

相続や遺贈によって取得した財産のうち、相続税がかかるものについて財産の種類と細目を記載する（相続時精算課税適用財産を除く）。

1. 法定相続分は相続税の総額を出す上で重要なものである。
2. 実際に、法定相続人以外に財産を取得する人がいたとしても、相続税の総額を出す段階では関係ない。
3. 忘れがちなのが、配偶者と一親等の血族以外の財産取得者の税額2割加算（155ページ参照）。

Check!

国税庁から、以下のようなHow to が出ています。参考にしましょう。ネット情報をうのみにしないこと。その情報の出所をきちんと確かめて！

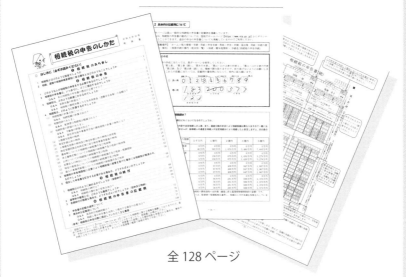

全128ページ

「相続税の申告のしかた」
https://www.nta.go.jp/publication/pamph/sozoku/shikata-sozoku2022/pdf/E01.pdf

申告書等への記載の順序

　ここまで相続財産の評価から相続税額の計算までをしてみましたが、次は相続税の申告書等へ記載していく順序（一般の場合）について見てみましょう。以下の図のようになります。

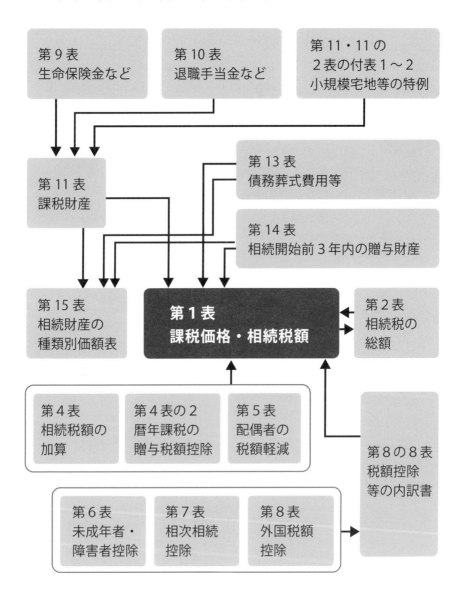

相続税の申告は税理士に相談しよう

　174ページに相続税の申告書等へ記載の順序を示しましたが、このとおりに申告書を作成していくことは、素人にはかなり難しい作業です。相続税の申告書等の様式は、計算書や明細書を含めると全部で30種類以上もあります。所得税の確定申告とは比較にならないくらいの難易度といえるでしょう。

　相続税の申告・納付期限は、被相続人の死亡を知った日の翌日から**10カ月以内**です。でも、10カ月くらいはあっという間に過ぎてしまいます。申告は自分で行うことも可能ですが、書類の不備や計算などのミスが不安だという人は税理士に相談しながら進めた方が何かと安心です。

納付書はどこでもらえる？
相続税の納付書は税務署の窓口、金融機関の窓口でもらえます。

ワンポイントコラム

今後の相続税調査の動向

　最近までの税務調査では、コロナ禍もあり、わざわざ通知をして面談を行い、税務調査に入るようなことは減少していました。その場合、電話や文書で申告の誤りを指摘して修正申告をさせるなど、簡易な方法で済ませていました。今後もこのように簡易な調査のままで修正申告件数を増やすのか、実地調査で大口の申告漏れを捜すのか、不透明な部分です。

　いずれにしても、過度の節税行為には十分注意を払う必要があります。節税と脱税は紙一重です。亡くなった後に被相続人の名を汚すような申告をしないようにしたいものです。

07

税務調査が入るのは どんなケース？

相続税の税務調査は、申告した人の2〜3割が調査対象になるといわれます。令和4年分では8,196件（対前年度比129.7％）。

税務調査の対象者はこう選定される

相続税の税務調査は、申告した人4、5人に1人の割合で実施されていますが、税務署はどうやって対象者を決めているのでしょうか？

調査対象の選定には、**国税総合管理システム（KSKシステム）**というものがあって、全国524税務署と12カ所の国税局をネットワークで結んでいます。ここに申告データが集約され、相続税のみならずあらゆる税目のデータを見ることができます。

これらのデータをもとに、相続財産額が正しく評価されているか、無申告はないかなど、チェックしているのです。

税務調査ではどんなことが調査される？

1. 銀行預金

銀行預金は調査しやすい項目です。税務署は職権で金融機関から被相続人や相続人の預金取引履歴を入手できます。相続発生前後のお金の動きをよく見ています。

2. 不動産

不動産の名義変更があると、法務局から登記情報が税務署に送られます。また、都道府県、市区町村などが保有している固定資産情報からも、どれだけの不動産を保有しているかがわかります。これらの不動産がきちんと相続税の申告書に載っていないと、財産隠し

を疑われることになります。

3. 贈与財産、相続時精算課税

　贈与税（相続時精算課税も含む）の申告書を提出しており、その財産が相続税の申告書に計上されていないと、財産の申告漏れとなります。

4. 専業主婦（夫）だった配偶者の財産

　専業主婦（夫）など、長年自分の収入がないにもかかわらず、その人の口座に多額の預金があれば、それは贈与とみなされ、相続財産と認定されてしまいます。

参考　**簡易な接触の状況**
実地調査以外にも、文書や電話で、または来署により面接をして、申告漏れや単なる計算誤り等を指摘されることもある。実地調査よりも件数が多い（令和４年で15,004件、対前年度比101.9%）。

相続税の簡易な接触の事績の推移

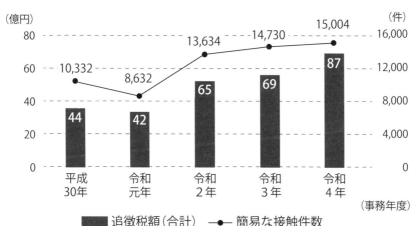

（出典：国税庁令和５年12月報道発表資料）

08

修正申告と更正の請求

税額を少なく申告した場合は修正申告、逆に多く払い過ぎた場合は更正の請求と呼ばれる手続きを行います。

申告を間違えたときはどうしたらいい？

申告内容を間違えたときの対処法は2つあります。

申告した後に、財産が見つかった 計算を間違えて税額を少なく計算した	→ **修正申告**

財産を高く評価し過ぎた 計算を間違えて税額を多く計算した	→ **更正の請求**

どちらも申告後に再度やり直すものですが、意味合いが異なります。**修正申告**は、後から税額を追加で納めるものです。**更正の請求**は、納め過ぎた税金を還付してもらうために請求するものです。

修正申告ができる期限は原則として、法定申告期限から5年以内。自発的に行わない場合はいろいろな税金が加算されます。

【修正申告】の例

・ガラクタだと思っていた壺などが高価な骨董品だった
・申告した後に預金通帳が見つかった
・加算対象者の2割加算をしなかった

更正の請求ができる期限は原則として、法定申告期限から5年以内。

【更正の請求】の例

・土地の評価方法を誤って、高く計算してしまった
・新たな遺言書が出てきた

重いペナルティー！ 相続税の追徴課税

　自発的に修正を行えば**延滞税**くらいで済みますが、税務調査が入って申告に財産の計上漏れが発見されたり、不備が見つかったりした場合に修正申告に応じないと、罰金的な意味合いの追徴課税がなされます。

追徴課税の種類

延滞税	期限までに納めるべき税金を納めないとき
無申告加算税	正当な理由なく期限までに申告しなかったとき
過少申告加算税	申告書の金額が不足していたとき （自主的に修正申告した場合はかからない）
重加算税	財産隠しなどをしていた場合

申告で税額が少ない場合は調査対象になりますが、多く納め過ぎた場合は連絡が来ることはありません。提出前にもう一度、税額の確認を！

09 相続税を払えないときは どうする？

相続税を払えないときの対処法としては、延納と物納という 2 つの方法があります。

正当な理由がないと認めてもらえない

　原則として、相続税は納期限までに金銭で一括払いするものですが、相続財産に現預金が少ないなど、納付が困難な場合もあります。そんなときは分割払いで相続税を納付する**延納**と、相続財産そのものを税金の代わりに納める**物納**があります。

　ただし延納も物納も、これが認められるためには厳しい条件があり、現金一括で納付できない"正当な理由"が必要です。

延納ができる条件

（1）相続税額が10万円を超えること

（2）金銭で一時に納付することが困難で、かつその困難な金額を限度とすること　➡　必ずしも全額が延納を認められるものではない

（3）延納税額および利子税の額に相当する担保を提供すること　➡　延納税額が100万円以下で、延納期間が3年以下である場合は、担保を提供する必要はない

延納・物納制度は誰でも利用できるものではない。

1. 手続き方法

納税義務者の申請が必要。

相続開始

10カ月

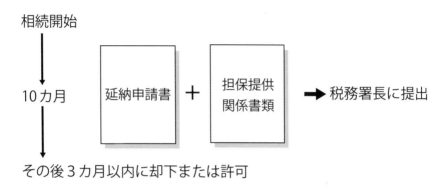

延納申請書 ＋ 担保提供関係書類 ➡ 税務署長に提出

その後３カ月以内に却下または許可

2. 利子税

延納期間と延納税額に応じて、利子税がかかります。利子税の計算は、相続税の計算の基礎となった相続財産の価額の合計額に占める不動産等の割合や財産の内容によって、おおむね 0.1％〜 0.7％となっています。　　　　　　　　　　　※延納特例基準割合 0.9％の場合。

相続税延納申請書

金銭納付を困難とする理由書

3. 担保の内容

換価可能性の高いものから順に決められています。

（1）国債および地方債

（2）社債その他の有価証券で税務署長が確実と認めるもの

（3）土地

（4）建物、立木、登記される船舶等で保険に附したもの

（5）その他一定のもの

●物納について

延納したとしても金銭納付が無理という場合に限って、相続財産そのもので納めることのできる物納があります。こちらも、物納できるものは限定され、優先順位も決められています。簡単にできるものではありません。

1. 物納財産の順位

【第1順位】不動産、船舶、国債証券、地方債証券、上場株式等

【第2順位】非上場株式等

【第3順位】動産（美術品や貴金属なども含む）

※不動産については、担保登記がされているものや境界の明らかでない土地など、不適格とされる財産が決められており、また現地調査があるなど、条件が厳しくなっています。

2. 手続き方法

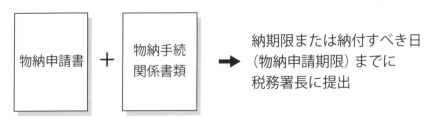

延納と物納の限度額

　延納、物納ともに所有している財産や生活費などを勘案して限度額が算定されます。どちらも審査はかなり厳しいものとなります。

1. 延納許可限度額

① 納付すべき相続税額

現金納付額	② 納期限において保有する現金や貯金など
	③ 申請者と家族等の3カ月分の生活費
	④ 申請者の事業継続のための1カ月分の運転資金等
	⑤納期限の現金納付額（②－③－④）

⑥ 延納許可限度額（①－⑤）

2. 物納許可限度額

① 納付すべき相続税額

② 現金納付額（上記1の⑤）

延納で納付することができる金額	③年間の収入見込み額
	④申請者と家族等の年間の生活費
	⑤申請者の事業継続のために必要な運転資金等
	⑥年間の納付資力（③－④－⑤）
	⑦おおむね1年以内に見込まれる臨時的な収入
	⑧おおむね1年以内に見込まれる臨時的な支出
	⑨上記1の③と④
	⑩延納によって納付できる金額 　{⑥× 最長延納年数＋（⑦－⑧＋⑨）}

⑪ 物納許可限度額（①－②－⑩）

相続税および贈与税の税制改正

生前贈与の 持ち戻しが ７年に延長

相続時精算課税に 110万円の 基礎控除の創設

生前贈与は７年前まで持ち戻しされる

　贈与税は、１年間に贈与により取得した財産の価額の合計額から、基礎控除額110万円を控除した残額に、一定の税率を乗じて贈与税額を算出します。ここまで何度が説明した**暦年課税**（１年間に110万円までの贈与なら非課税）という制度です。

| １年間にもらった 贈与財産 | － | 110万円 | ≦0 → | 税金はゼロ |

これまで　2023（令和５）年12月31日まで

　使い勝手のいい暦年贈与ですが、相続開始前３年以内に被相続人から贈与を受けると、贈与を受けた金額は相続財産に加算されてしまいます。これを**持ち戻し**といいます。

| 贈与財産 |
| 贈与財産 |
| 贈与財産 |
| 贈与財産 |
| 相続開始時の相続財産 |

この３年間の贈与財産を
相続財産に持ち戻しする

これから　2024（令和6）年1月1日から

　2024（令和6）年からの贈与は、相続開始前3年以内から、原則として相続開始前**7年以内**に取得した財産を相続財産に加算することになります。しかし、これには特例があって、延長された4年の期間中に贈与により取得した財産は、総額**100万円まで**加算されません。

この7年間の贈与財産を
相続財産に持ち戻しする

●加算対象期間

贈与の時期	加算対象期間
～令和5年12月31日	相続開始前3年間
贈与者の相続開始日	
令和6年1月1日～8年12月31日	相続開始前3年間
令和9年1月1日～12年12月31日	令和6年1月1日～相続開始日
令和13年1月1日～	相続開始前7年間

2024（令和6）年からの相続時精算課税制度

　相続時精算課税は、父母、祖父母（特定贈与者）などから子や孫（特定受贈者）などが贈与を受けた場合、その贈与財産から特別控除額2,500万円を控除した残額に一律20％の税率を乗じ、贈与税額を納めるという制度でした。

　その後、相続が発生したら、特定贈与者である被相続人の相続財産に、相続時精算課税で受けた贈与財産額を加算して相続税を計算し、その相続税がすでに納付した贈与税より大きい場合には追加で相続税を納め、少ない場合には還付を受けるというものです。

これまで　2023（令和5）年12月31日まで

事例

贈与時

贈与額 3,300万円

残額 800万円	ここに課税 納付税額 160万円
特別控除 2,500万円	

相続時に加算する

相続財産
贈与財産 3,300万円 を加算する

 相続時納税額＞160万円 ➡ 追加で相続税を支払う

 相続時納税額＜160万円 ➡ 差額が還付される

これから　2024（令和6）年1月1日から

　相続時精算課税を選択した特定受贈者が、2024（令和6）年1月1日以後に特定贈与者から取得した財産については、暦年課税の110万円の基礎控除とは別に、贈与税の課税価格から110万円が控除されます。

　また、特定贈与者が死亡した場合には、その基礎控除額を控除した残額が相続税の課税価格に加算されます。

事例

贈与時

贈与額 3,300万円

3,190万円
基礎控除 110万円

残額 690万円	⎫ ここに課税
特別控除 2,500万円	納付税額138万円 改正前より少ない！

相続時

相続財産
基礎控除後の 贈与財産 3,190万円を 加算する

 相続税 ＞ 138万円　➡ 追加で支払う

 相続税 ＜ 138万円　➡ 差額が 還付される

索引

索引

【著者】

森武史（もり・たけし）
司法書士。森司法書士事務所代表。沖縄県生まれ。
広島修道大学法学部法律学科卒業。

柴崎貴子（しばさき・たかこ）
税理士・社会保険労務士。柴崎会計事務所代表。東京都生まれ。
明治大学政治経済学部政治学科卒業。

房野和由（ふさの・かずよし）
特定社会保険労務士。社会保険労務士房野事務所代表。埼玉県生まれ。
早稲田大学大学院法学研究科修士課程修了。

本書の内容は、2024年1月現在のものです。法改正等の最新情報については、国税庁、法務省、厚生労働省等のwebサイトなどをご覧になってくださいますようお願い致します。

葬儀・銀行・保険・年金・相続・税金が
すべてわかる
身内が亡くなったときの
手続きの進め方

2024年 2月20日　第一刷
2024年 8月 8日　第二刷

著　者　　森武史・柴崎貴子・房野和由

発行人　　山田有司

発行所　　株式会社　彩図社
　　　　　東京都豊島区南大塚 3-24-4
　　　　　MT ビル　〒170-0005
　　　　　TEL：03-5985-8213　FAX：03-5985-8224

印刷所　　シナノ印刷株式会社

URL：　　　https://www.saiz.co.jp
　　　　　　https://twitter.com/saiz_sha